英語多読・多聴指導マニュアル

高瀬敦子——著

大修館書店

はじめに

　外国語学習における多読の効果は世界的に知られており，日本でも以前から多読が英語教育の現場で取り入れられ，その成果が報告されていました。しかし授業の中で多読を実践していた指導者は，10年程前までは一部にとどまっていました。
　多読が広く一般に普及し始めたのは，2001年の「SSS英語学習法研究会」（現「SSS英語多読研究会」）結成と，それに続く酒井邦秀氏の『快読100万語！ペーパーバックへの道』（ちくま学芸文庫，2002）出版以降でした。酒井氏はこの本の中で学習者が主体的に楽しみながら読むことを最優先にして，やさしい本を取り入れた新たな多読方法を説いていました。この頃から，それまでの多読図書よりやさしいレベルの本が出版され始め，また英語圏の子ども用の学習絵本や児童書も手軽に入手できるようになったのです。これらが契機となり，まず社会人の英語多読人口が増え始めました。さらに，2004年の「日本多読学会」設立前後から，児童英語教室および中学・高校・大学で英語授業の一環としての多読が大勢の教師の間で急速に広がってきたのです。その結果，多読を通して生徒のやる気がおこり英語嫌いが減ったとか，実際に英語の力が伸びたという報告があちこちでなされてきています。また，多読の急速な普及と同時に，耳からの大量インプット，いわゆる多聴の必要性も強調されるようになりました。多聴が多読の効果を促進することが経験上わかってきて，多聴用教材も入手しやすくなったため，多聴も多読同様急速に広がってきています。
　日本多読学会の調査によると，最近では全国の中学・高校・高

専・大学や個人経営の児童英語・英語教室・塾等で多読・多聴を導入する先生の数が毎年約100人ずつ増え続けています。さらに，多読学会主催の新人研修会，各種研究会等では，多読導入を検討している先生方の参加が多く見受けられます。そのような席での質問やアンケートによく出てくるのが，具体的な指導方法・図書の選択等がわからない，あるいは，実際に多読を導入したものの効果的な指導ができないということです。

　この本は少しでもそのような先生方のお役に立つようにと，多読・多聴およびその指導方法に関する様々な情報を盛り込んでいます。すべて私自身の13年にわたる多読・多聴指導の経験と，全国各地で多読指導をされている先生方の実践報告，それらの先生方との情報交換，国内外の多読・多聴に関する研究成果などに基づいています。これから始めようという先生方にわかりやすいように，参考になるように，ということを第一に考えて執筆しました。特に，本文中に入れ込んだ「エピソード」には，多くの多読・多聴実践者（指導者・学習者両方を含む）の生の声を入れましたので，多読・多聴指導（または学習）の実態なり効果なりを具体的にイメージしていただけると思います。

　現在，多くの中学・高校の英語教育で主流となっている文法・訳読中心で正確さを重視する英語教育に多読・多聴を組み込むことによって，学習者が楽しみながら流暢さをも習得し，ひいては英語運用能力を向上させるのが何より大切なことです。正確さと流暢さは車の両輪です。両方とも伸ばすようなバランスのよい授業を受け，多くの学習者が英語という言語を習得して，将来英語が使える日本人に育っていくことを願っています。

『英語多読・多聴指導マニュアル』目次

はじめに ——————————————————————— iii

第1章 多読・多聴とは

1. 多読・多聴授業の目的 ————————————————— 3
    - 1-1 英語運用能力の向上をめざす ——————————— 3
    - 1-2 英語嫌い・英語アレルギーを減らす ————————— 4
    - 1-3 本の楽しみを経験させ，読書の習慣をつける ————— 7
2. 外国語学習法としての多読・多聴の歴史 ————————— 8
    - 2-1 多読の歴史とその効用 ——————————————— 8
    - 2-2 多読に関する研究・実践報告・指南書 ———————— 10
    - 2-3 多読授業の普及 —————————————————— 13
    - 2-4 多聴の歴史 ———————————————————— 16
3. 現在の日本における英語教育と多読・多聴 ———————— 17
    - 3-1 伝統的な訳読方式の英語教育とその弊害 ——————— 17
    - 3-2 過度な文法学習の弊害 ——————————————— 19
    - 3-3 過度なリーディング・テクニック重視への疑問 ———— 21
    - 3-4 コミュニケーションの授業におけるリスニング ——— 22
4. 多読・多聴授業の特徴 ———————————————— 23
    - 4-1 多読・多聴授業の必要性 —————————————— 23
    - 4-2 従来のリーディング・リスニング授業と多読・多聴授業の違い ————————————————————— 23
5. 多読・多聴の量 ————————————————————— 26
    - 5-1 100万語多読 ——————————————————— 27
    - 5-2 100冊多読 ———————————————————— 28

第2章 多読・多聴の効果

1. 英語学習における情意面での効果 ———————————— 31
    - 1-1 やる気を起こす —————————————————— 31

1-2　自信をつける ——————————————— 32
　　　1-3　英語嫌い減少 ——————————————— 32
　2. 英語力に関する効果 ———————————————— 33
　　　2-1　リーディングスピード向上 ————————— 33
　　　2-2　リーディング力向上 ————————————— 34
　　　2-3　リスニング力向上 —————————————— 34
　　　2-4　ライティング力向上 ————————————— 36
　　　2-5　スピーキング力向上 ————————————— 38
　　　2-6　文法力向上 ————————————————— 39
　　　2-7　語彙力向上 ————————————————— 40
　　　2-8　スペリング力向上 —————————————— 44
　　　2-9　発音・イントネーション・リズム向上 ——— 44
　3. 各種試験に対する効果 ———————————————— 45
　　　3-1　大学入試センター試験・入試長文・模擬試験 ——— 45
　　　3-2　英検, TOEIC / TOEFL ————————————— 46
　4. その他の効果 ————————————————————— 48
　　　4-1　読書の習慣づけ（英語での読書→日本語での読書）— 48
　　　4-2　集中力持続時間（attention span）増加 ——— 49
　　　4-3　学習意欲向上 ———————————————— 51
　　　4-4　視野の拡大, 外国文化・生活習慣に対する理解 — 51
　　　4-5　物語全体の理解力向上 ———————————— 52
　　　4-6　話す意欲向上 ———————————————— 53
　5. 多聴の効果 —————————————————————— 53
　　　5-1　物語全体を聴く力向上 ———————————— 53
　　　5-2　リスニング力の向上 ————————————— 54
　　　5-3　文字と音声の関連付け ———————————— 56
　　　5-4　多読のスピードを上げ効果を高める —————— 57

第3章　多読・多聴指導の三大ポイント

　1. 多読指導に不可欠な三大ポイント ——————————— 59

- 1-1 SSR（Sustained Silent Reading）―授業内読書 ―――― 60
- 1-2 SSS（Start with Simple Stories）―最初はやさしい話から ―――― 68
- 1-3 SST（Short Subsequent Tasks）―最少の読書後課題 ―――― 76
2. 多聴指導に不可欠な三大ポイント ―――― 81
  - 2-1 SIL（Sustained Individual Listening）―授業内多聴 ―――― 82
  - 2-2 SSS（Start with Simple Stories）―最初は聴きやすい話から ―――― 83
  - 2-3 SER（Start with Extensive Reading）―多読と同時導入 ―――― 85
  - 2-4 その他の多聴方法 ―――― 85

第4章 多読・多聴導入方法

1. 英語カリキュラムとの兼ね合い ―――― 92
2. 多読実施の時間帯 ―――― 93
   - 2-1 授業時間中（週に1時間担当者を決めて多読） ―――― 94
   - 2-2 授業時間中（10分間多読） ―――― 98
   - 2-3 ホームルーム時の多読 ―――― 101
3. 多読授業の場所 ―――― 102
   - 3-1 図書館での多読授業 ―――― 103
   - 3-2 クラスルーム・ライブラリー利用の多読 ―――― 107
   - 3-3 本を教室に運び込み行なう多読授業 ―――― 109
   - 3-4 図書館から各自本を借り出し教室で行なう多読授業 ―――― 112
4. 多聴実施の時間帯 ―――― 116
5. 多聴授業の場所 ―――― 117
   - 5-1 普通教室 ―――― 117

     5-2 CALL教室 —————————————————— 119
     5-3 授業外での多聴 —————————————— 121
  6. クラスサイズ ——————————————————— 122
  7. 指導者の役割 ——————————————————— 123
     7-1 読書状況の観察 —————————————— 124
     7-2 読書記録チェック ————————————— 125
     7-3 指導者自身が多読することの大切さ ————— 126

第5章 多読・多聴用教材

  1. 多読図書のレベル・語数について ———————————— 128
     1-1 YL（Yomiyasusa Level: Readability）—読みやすさレベル ——————————————————— 128
     1-2 HW（Headwords）—見出し語 ——————— 129
     1-3 WC（word count）—総語数 ———————— 131
  2. 多読用図書の種類 ————————————————— 132
     2-1 Leveled Readers（LR）————————— 132
     2-2 Graded Readers（GR）————————— 142
     2-3 Children's Books（CB）————————— 151
  3. 読書の進め方 ——————————————————— 159
     3-1 非常にやさしい本を100冊一気に読む ———— 159
     3-2 徐々にレベルアップ ———————————— 160
  4. 読書記録 ———————————————————— 161
     4-1 読書記録用紙 —————————————— 162
     4-2 隙間埋めシート（多読用図書のリスト）———— 163
     4-3 読書記録手帳 —————————————— 165
  5. 図書入手方法 ——————————————————— 167
     5-1 購入 —————————————————— 167
     5-2 日本多読学会図書貸し出し ————————— 169
  6. 図書管理者および保管場所 ————————————— 170
     6-1 図書館 ————————————————— 170

  6-2　研究室・教員室 ——————————————— 171
  6-3　倉庫，空き部屋，車のトランク ————————— 172
  6-4　その他の場所 ——————————————————— 173

第6章　うまくいかない多読・多聴指導―原因とその対処法

1. うまくいかない多読の問題点と解決法 —————————— 174
  1-1　学習者に起因するもの ———————————————— 175
  1-2　指導者に起因するもの ———————————————— 178
  1-3　同僚の態度に起因するもの ————————————— 181
2. 学校・組織のサポート体制 ———————————————— 184
  2-1　管理職を味方につける ———————————————— 184
  2-2　図書館を味方につける ———————————————— 185

第7章　成功した多読

1. 武庫川女子大学附属中学校・高等学校 ——————————— 186
2. 鷗友学園女子中学高等学校 ———————————————— 188
3. 広島市立己斐中学校 ———————————————————— 189
4. 国立豊田工業高等専門学校 ———————————————— 191
5. 近畿大学法学部 —————————————————————— 192
6. SEG（Scientific Education Group） ————————————— 193
7. 多読・多聴授業成功の鍵 ————————————————— 194

第8章　多読の評価

1. 学習者に対する評価 ———————————————————— 200
  1-1　多読授業としての評価（英語力向上を含む）———————— 200
  1-2　英語に対する情意面での評価 ————————————— 204
2. 指導者に対する評価 ———————————————————— 205
  2-1　授業の一環としての評価 ——————————————— 205

2-2 学習者指導上の評価 —————————— 206
3. プログラム全体の評価 —————————————— 206
　　3-1 同僚の賛同を得られたか —————————— 206
　　3-2 今後カリキュラムに組み込めるか —————— 207
4. 今後の展望 ————————————————————— 207

第9章 多読・多聴にプラスするアウトプットの必要性

1. 多読・多聴プラスアルファ ———————————— 208
　　1-1 母語習得時の多聴・多読プラスアルファ ——— 209
　　1-2 第二言語習得時の多読・多聴プラスアルファ — 210
2. 今後の課題 ————————————————————— 211

第10章 多読・多聴指導FAQ

1. 多読教材・導入一般に関する質問 ————————— 212
2. 多読・多聴指導法について ————————————— 215
3. 実際の多読授業クラス運営について ———————— 216
4. 教師の役割 ————————————————————— 220
5. 本の購入・保管・貸し出しの方法など ——————— 221
6. 多読の効果 ————————————————————— 222

おわりに ———————————————————————— 232

〈付録〉
参考文献 ———————————————————————— 223
多読・多聴指導実施校一覧 ——————————————— 228
索引 —————————————————————————— 235

英語多読・多聴指導マニュアル

1 多読・多聴とは

　第1章では，英語の多読・多聴とその指導に関する全般的な説明，簡単な歴史，日本国内での普及発展，従来のリーディングならびにリスニングと多読・多聴学習との違い，多読の量等を説明します。

1 多読・多聴授業の目的

1-1　英語運用能力の向上をめざす

　多読（extensive reading）とは，読んで字のごとく多く読むことです。英語での多読は，辞書を使わずに比較的やさしい本を読み，細かいことは気にせずに全体の内容を把握しながら，ドンドン読み進んでいくことを言います。本をたくさん読むことが国語力を伸ばすのと同じように，英語の本をたくさん読めば英語力が伸びるのはごく当然のことです。フランク・スミス（Frank Smith）の"learn to read by reading"という言葉（Smith, 1985）で表されているように，読むことによって読む力が付くのであり，日本語の場合と同様，読まなければ読む力は付きません。

　多聴（extensive listening）とは，これも読んで字のごとくたくさん聴くことです。多読同様，やさしい英語をたくさん聴き，

単語ひとつひとつを気にせずに全体の流れをつかむようにしていきます。誰もが経験してきたことですが，人間がこの世に生を受けてから言語習得に関して最初にすることは，まず母親を始めとした家族や周りの人の音声を聞くことです。それを毎日聞いて真似しながら徐々に母語を習得していきます。

英語学習も母語習得と同様な方法でできれば理想的ですが，日本で生まれて日本に住みながら行なう英語学習に，母語習得時と同じ学習環境は望めません。母語習得の場合は言うに及ばず，第二言語（ESL：English as a Second Language）習得とも学習環境が全く違います。第二言語学習者は，学習目的の言語（ここでは英語）が第一言語として使用されている国（例えば英・米・豪・NZ など）に住みながらその言語を学習するため，常時その言語のシャワーを浴び，視覚・聴覚を通して大量のインプットがあり，常にアウトプットの必要性に迫られています。

それに反して，日本人が日本で英語を外国語として（EFL：English as a Foreign Language）学習する場合は，日常生活での英語のインプット量は非常に少なく，アウトプットの必要性となるとゼロに近い状態です。このような状況の中で，単なる入試科目としての英語学習を行なうのではなく，言語としての英語習得を目指して運用能力向上を図るには，まずインプットの量を大幅に増やすのが最重要課題です。そのために一番有効なのが多読・多聴なのです。

1-2　英語嫌い・英語アレルギーを減らす

三浦省五氏と広島大学の研究チームが1966年以来，10年ごとに行なっている高校生の意識調査報告があります（三浦他，1997）。それによると16都府県にわたる46学校の生徒4,174名にアンケー

ト調査をした結果，大学入試のための勉強という動機付け以外，英語に対する興味や情意面の項目が毎回下降しているということでした。他にも大学入試が高校生の英語学習の動機付けになっているという研究もあります（Tachibana 他，1996）。日本の中学生・高校生の英語学習の目的が入試合格にあるといっても過言ではないでしょう。

入試勉強というと，言語習得とは別物のように考えがちですが，入試は本来ならば受験生の英語の断片的な知識を測るのではなく，受験生の持つ英語運用能力を測るものであるべきなのです。大学入試の英語は徐々に変わってきていますが，受験参考書や問題集の内容，およびその指導者の意識は昔とあまり変化がないようです。そのため，どうしてもぶつ切りの英語の詰め込みや脈絡のない文章の暗記等が相変わらず主流になっているようです。

このような詰め込みや暗記の指導法が始まるのが，大量に新しい文法事項が出現する中学2年です。理解・納得・消化できないまま機械的に文法の練習問題をこなし，新しい文法事項が詰まった文章を前後の脈絡なく暗記させられるためか，中2から英語嫌いが始まるという研究もあります（Koizumi & Matsuo, 1993）。大学の再履修生を対象としたアンケート調査でも，中2から英語がわからなくなり，その時から英語が嫌いになったと回答した学生が何人もいます（高瀬，2008b）。どうやら中2が英語嫌いを生む第一歩の学年のようです。

これを防ぐには，単語や文法を独立したものとして教えず，活き活きとした自然な文章の中で使用される意味のある単語や実際に使われている文法事項を，体に覚えこませることが必要でしょう。それにはやはり大量の生きた英語をインプットする，多読・多聴が最適なのです。中1の英語学習開始時点から，何らかの形で多読・多聴による大量インプットを行なうことは効果的な英語

指導を行なう上で必須事項です。小学校で英語が開始されればその必要性はさらに高くなります。

次に英語に躓き，英語嫌いが増える学年は高校1年です。指導要領の改訂の度に教材が会話中心になってきた中学英語に比べて，高校英語のレベルはあまり変化がありません。そこで，中学時代に十分なインプットを受けず，簡単な会話を覚え，単に英単語を暗記し，文法問題を解き，日本語訳を覚えて試験を何とかクリアするような小手先の勉強をしてきた生徒は，とたんに高校英語についていけなくなるのです。高校入学時に自ら英語科を選択したにもかかわらず，英語が苦手・嫌いという生徒が多いのにはびっくりしました（Takase, 2003）。

この時点でも十分間に合います。中学時代のインプット不足を補うべく多読・多聴を導入し，中学英語で読める内容のやさしい絵本や Graded Readers を大量に読ませれば，英語に自信を持ち，確実に英語嫌いが減って楽しく英語学習を行なうようになります。

大学では少々様子が違ってきます。様々な入学方式のお陰で大学に入学はしたものの，中学・高校通して文法訳読中心の入試対策学習のみ受け，英語の苦手意識を引きずってきた学生は，大学の授業には全く歯が立たず大変です。ここまでくると，英語嫌いが高じて英語アレルギーになり，英語を見ただけで吐気がするという学生も出てきます。大学では文系・理系を問わず教養英語は必須になっていますので，学力不足で単位取得ができずに再履修を余儀なくされる学生が続出するのです。上記のアンケート（高瀬，2008b）によると，再履修生の半数以上が，学力不足で授業についていけず授業参加を断念したり，試験にパスしなかったりで，再履修を余儀なくされたと回答しています。英語がわからずに授業についていけないから勉強したくない（どうしてよいかわからない），勉強しないから余計に授業が理解できない，という

悪循環の中で英語アレルギーの学生が増えていくのです。

　このように，中2からあるいは高1から英語に躓き，それを大学まで引きずってきた学生には，やはり中学1〜2年生レベルの英語で書かれているやさしい絵本やGraded Readersを大量に読ませたり聴かせたりして，まずは自信回復させるのが先決です。また，入試英語では成功した学生であっても英語運用能力は低く，言語本来の役割である，聴く・読む・話す・書くという4技能がバランスよく身についていません。そのため，英語が楽しくないという学生も多いのです。この場合でもやはり中学英語で理解できる本から始めて，大量のインプットを目から耳から行なわせる必要があります。楽に読み聴きできる教材を使用するため，全く苦痛ではなく，楽しみながら本を読んだり英語の話を聴いたりできるのです。それが多読・多聴を持続させていきます。

　文法訳読の授業で文法が身につかなかった学習者に再度文法を導入したところで，苦痛の上塗りにしかなりません。従来の教育方法が英語習得に効果がなければ，思い切ってそれまでとは全く違った別のアプローチを取るべきです。それは，それまでの苦痛から解放するもの，暗記に頼らないもの，学習者が受動的ではなく能動的に学習できるもの，言語としての英語が身に付く方法でなくてはなりません。次項「2　外国語学習法としての多読・多聴の歴史」で紹介しますが，多読・多聴の言語習得への効果は様々な書物・論文に発表されています。英語に対する苦手意識の強い学習者が自信を取り戻し英語に親しみを持ち，やる気を起こすようになるきっかけが多読であり，多聴なのです。

1-3　本の楽しみを経験させ，読書の習慣をつける

　テレビや他の娯楽の影響か，最近の若者は読書をしなくなった

と言われています。そもそも母語でも読書の習慣がない学習者に，英語で読書をさせるのは不可能に近いと思われます。通常の授業のための勉強のほか，クラブ活動・アルバイトなどをこなし，あるいはデート・ゲーム・携帯でのおしゃべり等の誘惑がある忙しい生活の中では，落ち着いて読書もできないようです。そこで授業中に英語での多読を通して読書をする時間を与えます。なかには，まず10分間落ち着いて座ることから始めなければいけない学習者もいるかもしれません。そのような学習者でも英語の絵本を見るとほとんどが興味を示し，静かに読み（または絵を見）始めるのです。そうなればしめたもので，学習者の英語力で読める程度のやさしい英語で書かれた本で，興味を引く内容の絵本を次々に与えながら，徐々に読書時間を長くしていきます。本が面白ければ，10分を徐々に20分，30分と長くしても，集中力は持続し，落ち着きも出てくるのです。

　英語で本の楽しさを味わえば，それが日本語での読書に移行してくる生徒が必ず現れてきます。数人ですが英語あるいは日本語で読書の習慣が付く生徒が毎年でてきます。種々の本に触れ，読書を楽しむという経験は貴重なものです。これはその学習者たちにとって，生涯の宝となるでしょう。多読授業の重要な最終目的のひとつなのです。

2　外国語学習法としての多読・多聴の歴史

2-1　多読の歴史とその効用

　では，外国語学習法としての多読はどのように位置付けられてきたのでしょうか。この辺で多読の歴史を振り返ってみましょう。

英語での多読は英語力向上には必要不可欠な学習法ですが、この考えは最近になって起こったものではなく、20世紀初頭の英語教育者ハロルド・パーマー（Harold Palmer）によりすでに提唱されています（Palmer, 1917 ; 1921）。実践面では諸外国で1920年代から外国語指導法の一部としてあちこちですこしずつ取り入れられてきたようです。

国内においては、すでにそれ以前に夏目漱石が「現代読書法」（1906）で英語学習における多読の効用を次のように強調しています。

> 英語を修むる青年は或る程度まで修めたら辞書を引かないで無茶苦茶に英書を沢山と読むがよい。少し解らない節があっても其処は飛ばして読んで往つてもドシドシと読書して往くと終には解るようになる（中略）要するに英語を学ぶものは日本人がちやうど国語を学ぶやうな状態に自然的慣習によつてやるがよい。

最近では、英語教育者のみならず、仕事で外国語に携わる人が自らの経験を基に、多読の効用を述べた本も多く出版されています。元ジャパンタイムズ編集局長の伊藤サム氏は、その著書『英語はやさしくたくさん』の中で、英語のプロを目指す英字新聞の新人記者を特訓するときに、英検1級をもっている人にも最初は200語レベルの本から始めて、本人の背丈ほどたくさん読ませると書いています（伊藤、2003）。

ロシア語の同時通訳者であった故米原万里氏は彼女の著書『米原万里の「愛の法則」』（米原、2007）の中で、小学校時代に親の仕事の関係でプラハのソビエト学校で学んだ時、辞書を引かないで行なったロシア語での多読がいかにロシア語の上達を助けたか

を書いています。

　ハンガリー人のロンブ・カトー（Lomb Kato）氏は大学で物理と化学を専攻したのですが，専門を生かす職がなく，卒業後に生活のため外国語教師をめざしました。その後25年間で日本語・中国語を含む16ヶ国語を身につけ，5ヶ国語の同時通訳者，10ヶ国語の通訳者，16ヶ国語の翻訳者として活躍しているのです。その著書『わたしの外国語学習法』（カトー，2000）の中で，文法から言語を学ぶのではなく，本から文法・語彙を学ぶのであると強調し，いかに読書が言語習得にとって効果的かを述べています。

2-2　多読に関する研究・実践報告・指南書

　英語教育界では，1980年代から世界的にさまざまな学習者を対象にした多読の研究が行なわれ，その効果が報告されています。中でも最も包括的な研究は，1980年に Elley, Mangubhai 両氏によってフィジーの農村部にある多くの小学校の生徒を対象に行なわれた"book flood"と称するものです。この研究によると，本を楽しむという習慣がない地域の小学生が，学校内で（本を自宅に持ち帰ることは禁止されていた），多読を8ヶ月間行なったところ，読書を行なわなかった学校の生徒に比べて，明らかに英語のリーディング力とリスニング力が向上したばかりでなく，英語構文を理解し複雑な英語の文を暗記する能力が培われたのです（Elley & Mangubhai, 1981）。

　イギリス在住のパキスタン人の高校生に，放課後1時間，週5回多読を行なわせた調査もあります。自由参加であり，3ヶ月間ただ読ませただけでしたが，事後に行なったテストの結果は，事前テストでは点数が低かった多読グループが，リーディング・ライティングともに急激な伸びを示し，多読を行なわなかった2グ

ループの生徒を凌いだ, という結果が出ています (Hafiz & Tudor, 1989)。また, パキスタンで英語を学んでいた比較的レベルの低い小学生のグループは語彙とライティングに大きな伸びがみられたと報告されています (Hafiz & Tudor, 1990)。

その他, 香港の高校生対象に行なった研究では, リーディング力・リーディングスピード・語彙力向上 (Lai, 1993), ベトナムで大人49名を対象に行なわれた研究では, 英語の総合力が向上し (Renandya他, 1999), イギリス在住のESLの大学生43名に行なった多読の結果ではクローズテストが (Walker, 1997), イエメンで14名の大人対象に行なった研究ではリーディング力・リーディングスピード・クローズテスト向上 (Bell, 2001) 等々, が挙げられます。

国内の英語教育の現場でも高校・大学での多読実践およびその効果が多数報告されています。鈴木寿一氏は大阪の公立高校でペーパーバッククラブ (PBC) を発足し, 課外で多読指導を行ないました。多読開始前の4月の時点ではリスニング・読解速度共に一般生徒と差がなかったのが, 学年末にはクラブ員の成績が一般生徒を上回り, 読書量が増えるにつれてその差が大きくなったとの報告がなされています。読破ページ数が200ページ (約5〜6万語) 前後から模擬試験の偏差値が伸び始め, 300ページ (約7〜9万語) を超えると定期考査の伸びが大きくなったという結果も出ています (鈴木, 1996)。

明治学院高等学校の田澤美加氏はまず自分で100万語多読を実践して多読の魅力と必要性を実感し, それから高校生の選択授業で多読を開始しました。自由意志で選択した生徒の意欲は素晴らしく, 平均30万語 (7万〜102万語) 読み, 読後の感想は多読の効果を十分に実感したものでした (田澤, 2005)。

中央大学杉並高等学校の飯田裕子氏は選択制の土曜講座で多読

を導入し，高校1年から3年までの合同クラスで多読・多聴を行なっています。参加希望者が多く毎年大盛況です。自由参加とはいえ，中途で止める生徒は少なく皆意欲的に多読に取り組んでいます（飯田，2006）。

長野県辰野高等学校の内山由香里氏は，英語の苦手意識が強い生徒に図書館での多読を導入しました。生徒の反応はよく，1冊ずつ読み通す充実感を味わい，英検の長文問題の正解率が上がりそれが自信に繋がり，大量の英文が与えられても困難を感じる生徒が確実に減少しているとの報告がなされています。何よりも素晴らしいのは，多読授業終了後も多読を続けたいという希望者が66％もいることです（内山，2008）。

メイソン紅子（Beniko Mason），スティーヴン・クラッシェン（Stephen Krashen）両氏が日本の大学生対象に行なった研究によると，事前のクローズテストでは，やる気のない再履修生が通常クラスの学生に大きく差をつけられていたが，1セメスターの間多読を行なったところ，事後テストでは多読なしの通常クラスに追いついた，という報告がなされています（Mason & Krashen, 1997b）。

Tom Robb と Bernard Susser 両氏は多読クラスとリーディング・ストラテジークラスを比較して，多読クラスの方が，事後テストでリーディング力の伸びが大きく，英語に対する興味関心も増大した，と報告しています（Robb & Susser, 1989）。

また，多読を行なったため，英語嫌いだった再履修生のモティベーションが高まり，リーディング力が向上した（Mason & Krashen, 1997b），クローズテストが伸びやる気が出てきた（高瀬，2008b）とか TOEIC 受験に効果があるという報告（西澤他，2006）などもあります。

その他，中学生対象の鷗友学園，中高生対象の武庫川女子大学

附属中学高等学校，長期多読を行なっている国立豊田工業高等専門学校，中高生対象の塾（SEG）等がありますがこれは後のページで詳しく紹介します（第7章参照）。

2-3　多読授業の普及

　最近，やる気のない学習者を抱え現状打開を模索している現場の先生たちが多読に目を向け始めたり，TOEIC を推進している大学で多読を導入しようという試みもなされたりして，国内の多読人口は急速に増えつつあります。次ページの図1は，英語多読が急速に広まった2003〜2008年の日本における英語多読人口の推移を示したものです（Furukawa, Takase, & Nishizawa, 2009）。

　多読用の本（Graded Readers, Leveled Readers 等，第5章参照）も書店に大量に並ぶようになり，学校の教師用に多読指導の方法を紹介した本も出てきました。Richard Day と Julian Bamford 両氏による *Extensive Reading in the Second Language Classroom*（1998）や酒井邦秀・神田みなみ両氏による編著『教室で読む英語100万語』（2005）です。また，個人で多読を行なう人向けの多読指南書，古川昭夫・伊藤晶子著，酒井邦秀監修による『100万語多読入門』（2005）や日本国内で手に入る15,000冊の様々な多読用本を紹介した『日本多読学会　多読図書 YL・語数リスト 2022』（古川, 2022），隔月出版の雑誌『多聴・多読マガジン』（コスモピア刊）等，続々と発刊されています。

　これらの本の出版と並行して2004年に日本多読学会が発足し，「100万語多読」や「SSS 多読」という従来とは少し異なる多読方法が普及してきました。100万語多読とは酒井邦秀氏が大学生の多読を観察し，100万語読めば英語を読むのがスムーズになると感じたことから，「100万語多読」と名づけられたものです。ま

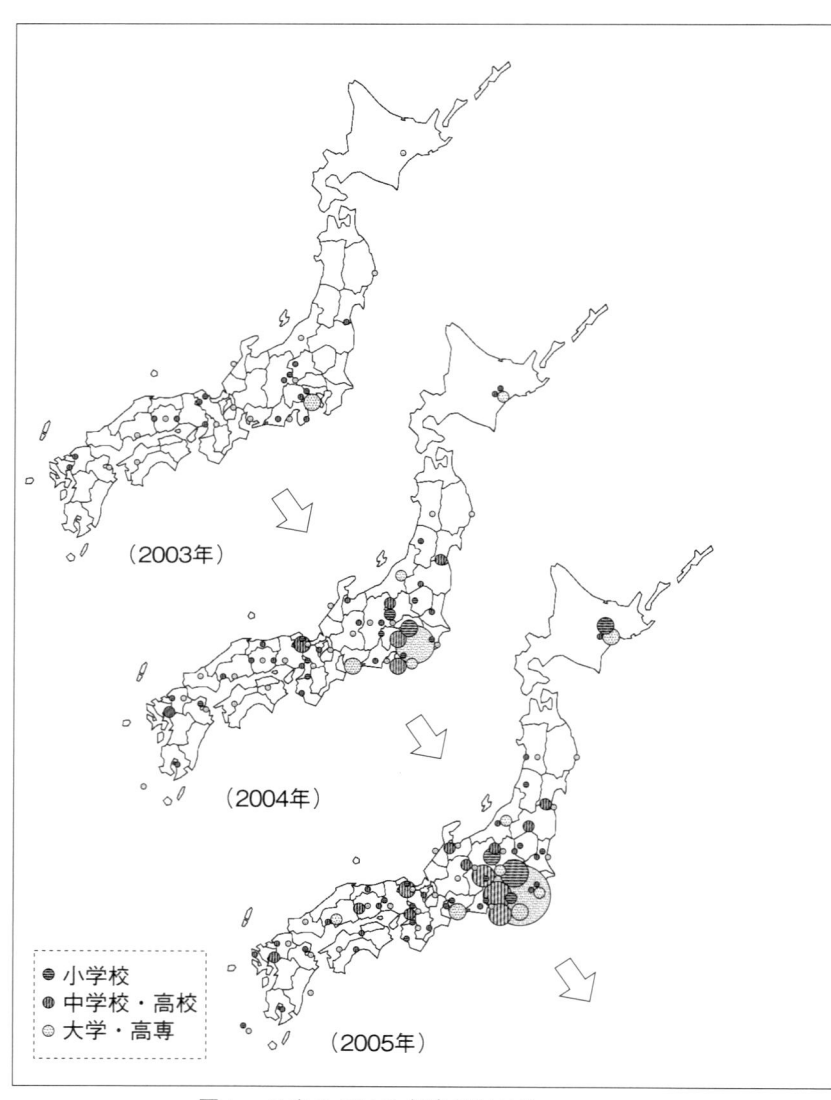

図1　日本における多読の広がり

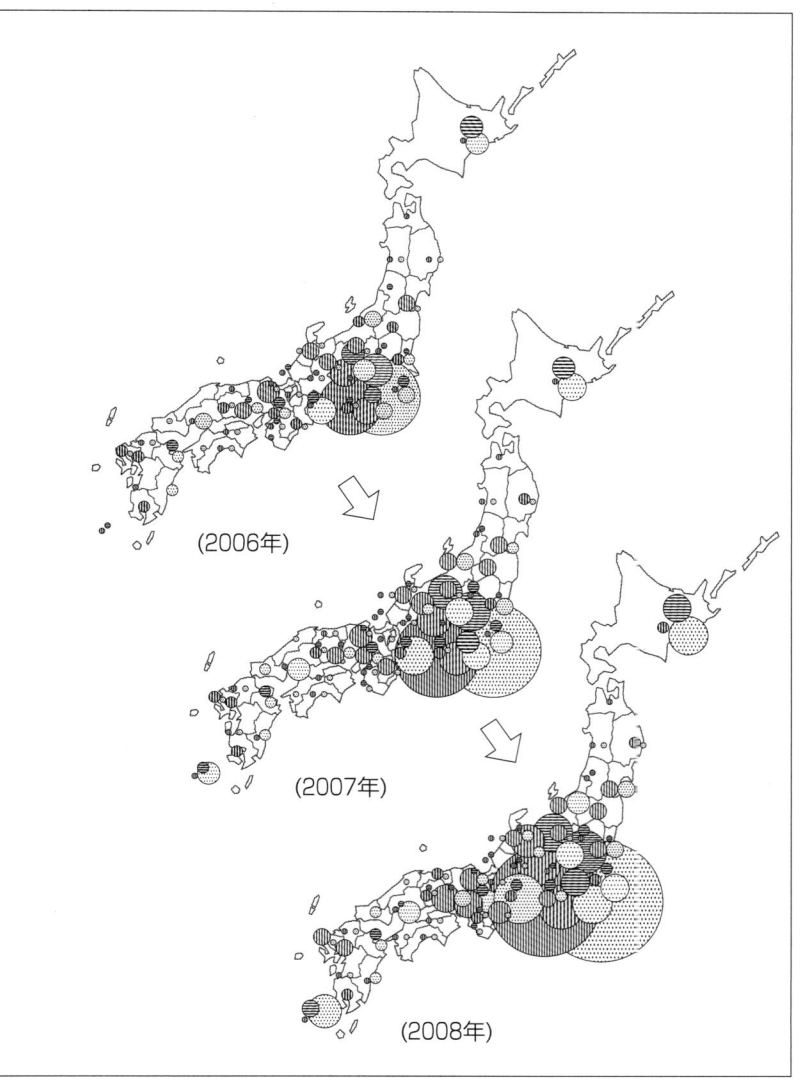

＊これ以降も全国の小・中・高・高専・大で広がり続けている。

た SSS（Start with Simple Stories）多読とは，最初は非常にやさしい話から読み始める多読方法です（p.68参照）。

2-4 多聴の歴史

　最近，多聴の必要性が論じられるようになり，これも急速に広がってきていますが，多読でみられたような，多聴に関する20世紀初頭の記録は，私が知る限りでは見当たりません。また，多聴授業の実践報告や研究論文もまだ見受けられませんが，これはほとんどの場合，多読と多聴が一体化して行なわれているため，多聴のみを切り離した独立研究ができにくいのだろうと思われます。多読が成功しているところは何らかの形で多聴を導入しているようです。

　なにはともあれ，ここ数年の多読・多聴の普及に伴い，多聴の重要性や多読を促進する多聴の効果も説かれるようになり，多聴を実施している人は確実に増加しています。また CD 教材も増え無料でダウンロードできる音声教材も手に入りやすくなったため，耳が発達段階である小学生や中学初期の英語学習者に多聴を取り入れるクラスも増えてきました。まだ多聴の歴史は浅くこれから爆発的に増えていくだろうと思います。

　現存する参考サイトとしては Extensive Reading Central (http://www.er-centeral.com/listening-library/)，Storyline Online (http://www.storylineonline.net/)，auddible.com，gutenberg.com，毎月第 2，第 4 金曜日発刊の「多聴多読ステーション TTInfo」（コスモピア http://www.kikuyomu.com/）等があります。

3 現在の日本における英語教育と多読・多聴

3-1 伝統的な訳読方式の英語教育とその弊害

　文科省の中学校新学習指導要領には，外国語活動の目的に「外国語を通じて，言語や文化に対する理解を深め，積極的にコミュニケーションを図ろうとする態度の育成を図り，<u>聞くこと，話すこと，読むこと，書くこと</u>などのコミュニケーション能力の基礎を養う。」と謳ってあります（高等学校では，下線部が「情報や考えなどを的確に理解したり適切に伝えたりする」となる）。コミュニケーション能力とは，上記の通り聴き話す能力だけではなく，当然読み書き能力も含まれているのですが，現在の日本の学校英語では言語習得のための4技能向上には欠かせない最低必要な訓練が十分に行なわれていません。

　まずリーディングに関して言えば，**英語で読む**という訓練が全くなされていないと言っても過言ではありません。多くの学校ではまだ従来の文法中心の訳読授業が主流になっています。訳読（Yakudoku）方式（Hino, 1988）とは，英語を読む時，すべての単語を日本語に置き換え，それを日本語の語順に並べ替え，その訳した日本語を通して内容を理解することです。このやり方は英語を読んでいるのではなく，まさに暗号解読なのです。

　この訳読教育を数年受けると，英語の文を見たら反射的に脳が英文を日本語の語順に並べ替えるべく指令を出し，自動的に英語の単語は日本語の単語に置き換えられるようになります。頭で英語の文を分析して日本語に訳し，その日本語を通して内容を理解しようとしています。日本語の訳文ができればそれで英語を読んだ気になって，満足してしまう学生が多いのです。更に悪いこと

には，こうしなければ内容が理解できないと感じ，そう信じるようになってしまう学習者が大勢います。テストのためにその日本語訳を覚えようとする学習者もいます。そうすれば，結局頭に残るのは日本語のみであり，英語は身に付かないのです。

以下の2つのエピソードは，私がこれまでに勤務した学校での経験です。

エピソード ── ①

ある高校3年の大学受験生が入試の長文の一部がわからないと私のところに質問にきた。どの程度理解できているか質問をしてみたところ，ちゃんと訳はできていたが内容は全く理解していなかった。

エピソード ── ②

授業中に内容理解の質問にひとつも答えられなかった大学1年生が，授業後ノートを持ってきて予習した内容を私に見せてくれた。驚くべきことに，そこには本文のきれいな日本語訳ができていた。それにもかかわらず内容把握は全くできていなかったのである。高校時代は先生の日本語を口述筆記し，それを覚えてテストを切り抜けたとのことであった。

このように，比較的難易度の高い少量の英語を日本語に訳しながら解読し，その日本語を介して理解するのが昔ながらの伝統的な外国語教育法であり入試対策なのです。文科省の方針がどのように変わっても，学校の現場ではコミュニケーション能力育成とは程遠く，この訳読方式はほとんど昔と変わらず，現在も日本で行なわれている一般的な英語教育なのです。

文法構造に基づいた訳読の弊害は英語を話したり書いたりする時，つまり英語で表現しようとする時にも現れます。英語の文法・構文を正確に理解させようとするためか，テスト対策のためか，英文に忠実に訳をすることを要求され，訳文が不自然な日本語になる場合が多いのです。この訳文に使われるような不自然な日本語の表現に慣れてしまうと，今度は逆に，日頃使う自然な日本語を英語で表現しようとする場合，いったん不自然な訳文調の日本語に直してからでなければ英語に直すことができなくなります。簡単な英語もしゃべれない日本人学習者が多いのは，ここにも原因があるような気がします。

エピソード ── ③

　私は大学の授業に遅刻してきた学生には遅刻の理由を英語で言わせることにしている。すると，"sleep, sleep, train late"（I overslept and missed the train. のつもり）などと言う学生が非常に多い。ところが「私は寝過ごして電車に乗り遅れました。」という日本語を与えて英語で言わせると，たいていの学生は言えるのである。つまり日頃自分が使っている自然な日本語「寝坊して電車に遅れた」を一度翻訳調の日本語に置き換えなければ英語に直すことができないようになってしまっているのである。まさに一対一の訳読授業の弊害である。

3-2　過度な文法学習の弊害

　訳読方法と同等に危険なのが過度の文法学習です。中学1年の終わり頃から中2にかけて，色々な文法項目が次々に導入され始

めると，中1の1学期には英語学習に目を輝かせていた生徒たちが，少しずつ苦痛を訴え始めます。中2の途中から，急に英語嫌いや英語が苦手な生徒が増えて，ひどい場合はそのまま大学まで引きずっていきます。大学の再履修生の中には，中2で英語がわからなくなって，そのまま大学まで来た学生が多いのです。文法の規則を教わりどんなに大量の文法問題を解く練習をしても，それを運用するところまでやらなければ決して身に付きません。実際，中学でそこまでやる時間的な余裕はないのかもしれませんが，それをしない限りいつまでも英語の習得はできないのです。もし自動車学校で車の構造や交通規則のみを学んで，実際に運転の練習をしなければ，運転ができるようにはならないのと同じことです。運転ができるようになるためには，1にも2にも実地の運転練習が必要なのです。

　最近の若者は抽象概念を理解する能力が徐々に落ちてきているためか，いかに文法事項を説明し練習問題を解かせても，納得して理解し吸収することができない生徒が増加しているようです。それにもかかわらず，理解不可能なわけがわからないことばかり聞かされて，試験のために規則を機械的に覚えるだけでは，英語の授業が苦痛になり英語嫌いが増え，その結果落ちこぼれ増産となりかねません。**理解できないことを練習させ，暗記させても習得には結びつきません。**

　文法学習を行なう前に，基本的なやさしい文章で書かれた話を大量に読ませたり聴かせたりしながら色々な英文に慣れさせて，内容が理解できるようになった後にまとめとして文法の説明を行う方が，よりよく理解でき納得して受け入れるため定着するでしょう。

3-3 過度なリーディング・テクニック重視への疑問

　最近，高校生用の模擬試験，センター試験，TOEICのリーディング問題等を解くひとつの手法として，問題を先に読み，「スキャニング」や「スキミング」しながら英文を読んで，問題の解答となる箇所を探す練習法がよく奨励されています。これは，短時間で効率よく問題を解くためのテクニックです。果たしてこのようなテクニックが本来のリーディング力を向上させ得るのでしょうか。難関大学の入試をパスしてもTOEICで高得点を取っても，英語で簡単な本すら読めない学習者がたくさんいるということは，受験テクニックはあまりリーディング力向上には貢献しないということでしょう。逆に，たくさんの本を読めばおのずと入試の長文もTOEICの長文も読みやすくなり，点数も伸びた例はいままでたくさんあります。

　Reading skills trainingも一種のテクニック訓練です。最近リーディング・スキルを訓練するためのテキストが多く出ています。練習問題の種類によってはリーディング力を伸ばすものもありますが，スキル向上の練習を行なうよりも，実際に本をたくさん読む方が，リーディング力向上にとって効果的なのは明らかです。多読を行なったクラスと，リーディング・スキルの練習を行なったクラスに事前・事後のテストを行なった結果，多読クラスの方が英語力がよく伸びていたという研究の通りです（Robb & Susser, 1989）。

エピソード ── ④

　多読導入初期の頃，私は高校生のリーディングのクラスで，授業中は *READING POWER*（Mikulecky, B & Jeffries, L）のテキストを用いてreading skills trainingを行ない，

> 同時に授業外の課題として多読指導をしていた。最後にアンケートを取り，skills training でリーディング力向上に役立ったものを尋ねたところ，speed reading は過半数の53.1%，skimming/scanning は35.9%，finding main ideas は34.4%，finding topics は29.7%，guessing word meanings は10.9%であった。　　　　　　　　（高瀬，1998）

　ある程度のリーディング・スキルを磨く練習は役に立つかもしれませんが，リーディング力を伸ばすには，やはりたくさん読書を行なうのが一番です。

3-4　コミュニケーションの授業におけるリスニング

　リスニングに関して言うと，高校の英語科目になっているOral Communication（OC）の授業での，コミュニケーションとは名ばかりで，実際の授業では非日常的状況に設定された短い会話の暗記や英検対策・センター試験リスニング対策等であることが多いようです。しかもテキストを和訳して理解する場合もあります。通常の授業ではテキストを見ながら，テキスト付属のCDを聴き，いくつか問題を解いたのち，モデルの文章を覚えて会話の練習をするという程度で，インプットの量はリーディング同様非常に少なく，実際に英語が聴けて話せる段階までには至らないのです。中には，科目の名前は OC でも実際の授業は文法であるということも多く，いわゆる受験校から来た大学新入生の中には，このような授業を受けてきた学生が毎年少なからずいます。テストの点数は高いのに，簡単な挨拶やクラスルームイングリッシュをすべて日本語に訳して返事を考えるので，全くコミュニケーションになりません。

4 多読・多聴授業の特徴

4-1 多読・多聴授業の必要性

　上記のようにさまざまな問題をかかえた現代の英語教育も，突き詰めれば大学入試にパスさせるため，生徒のためだという人がいます。ところが6～8年間も時間と労力をかけて英語を勉強しても全く使い物にならないというのは，あまりにも時間の無駄のような気がします。このような英語教育であれば何年英語を勉強しても決して使えるようにはなりません。これに，現在の大人(英語教師のみならず)が体験からわかっていることですね。そのように使えない英語を6年も8年も学習すれば，よほど本人の中で大変革を起こさない限り，一生英語コンプレックスが残り英語を使えるようにはなりません。

　近所の人と世間話をしている場合でも，私が英語教師だとわかると，こちらが何も聞かないのに「私は英語が苦手で…」と言い始める人が必ずいます。なぜこのようなことが起きるのでしょうか。話している相手が数学や物理の先生だとわかった時，「私は数学，物理が苦手で…」と言う人はあまりいないと思うのですが。

　このように大人になってまでコンプレックス・苦手意識が残ることがないようにし，また将来使える英語を学習させるには，状況を伴った自然な英語を大量に目から耳からインプットすることです。その最良の方法が多読であり，多聴なのです。

4-2 従来のリーディング・リスニング授業と多読・多聴授業の違い

　英語での多読の目的は，英語の本を日本語に訳さずに英語のま

まで全体の内容を読み取ることができるようにすることです。大量に読めば英語を読むスピードは上がり、スピードが上がればさらにたくさん読めるようになります。また、従来の英語教育には不足している流暢さ（fluency）を養い、英語運用能力向上を目指します。従来のリーディングの授業と多読授業との違いをまとめると、次の表1のようになります。

リスニングに関して言えば、耳から入れる言語の重要性は日本

表1　従来のリーディング授業と多読授業との違い

	従来のリーディング授業	多読授業
受講態度	受動的・消極的	能動的・積極的
テキスト選択	教師	学習者
教材・レベル	統一 （教師が選択、全員同じ教材）	多様（教師の指導のもとで学習者が各自の英語力・好みに応じて選択）
読書量	少量 （中学高校6年間の標準的テキストで約3万語）	大量（学習者により異なるが、年間読書目標10〜30万語以上、3年連続で50〜100万語以上）
英語の内容	断片的・部分的 （1回の授業につき1〜2パラグラフ）	全体把握・状況に即した内容 （本1冊単位）
英語の難易度 （構文・語彙全て）	高い （実際の英語力よりかなり高い）	低い （辞書を使用せずに楽に読める程度）
読むスピード	遅い	速い（wpm＝100以上）
辞書	フルに活用	読書中は使わない
日本語訳	主に全訳	しない
内容理解	訳した日本語で	英語のままで
教師の役割	教える、説明・解説する、問題を解かせる	観察・図書選択指導 一緒に読む

でも半世紀以上前から認識されており、テープレコーダーが普及するにつれ、カセットテープを使った教材があちこちで見られるようになりました。カセットテープはCDやMP3などの音声データに移行して、今でも学校の授業では、教科書に準拠した音声を聴き、リスニングの練習をしたり、英検や高校・大学受験の練習が行なわれたりしています。これに比べて多聴は上記の多読

表2　従来のリスニング授業と多聴授業との違い

	従来のリスニング授業	多聴授業(含シャドーイング)
受講態度	受動的・消極的	能動的・積極的
教材選択	教師	学習者
教材・レベル	統一 (教師が選択，全員同じ教材)	多様（教師の指導のもとで学習者が各自の英語力・好みに応じて選択）
リスニング量	少量 (1会話・短いパラグラフ)	大量 (ストーリー全部・本1冊分)
英語の内容	断片的・部分的 (パラグラフごと)	全体把握・状況に即している（ストーリー単位）
英語の難易度	高い	最初は低い
聴くスピード	遅い (特に，教科書付属の音源)	自然に近い速さが多い 初期は少し遅い
辞書	フルに活用	使わない
日本語訳	主に全訳	しない
内容理解	訳した日本語で	英語のままで聞こえる順に
教師の役割	音源操作・教える	観察・音源テキスト選択のアドバイス・生徒のシャドーイングの音声を聴く

同様，学習者が自分のレベル，好みにあう音声教材を使用するため，インプットの量が非常に多くなります。従来のリスニングの授業と多聴授業との違いをまとめると前ページの表2のようになります。

多読・多聴授業に共通していることをまとめると次のようになります。

(1) 学習者のレベルと興味に合った教材を（教師の指導の下）自分で選択できるため受講態度が積極的になり，実際に目で読んだり声に出したりすることで能動的学習となり，脳が活性化される。
(2) 英語の難易度は学習者がこれまで学習したもの（教科書，リスニングの場合は教科書付属のCD）よりかなり低い。
(3) スピードに関して言えば，読むスピードはかなり速く，聴くスピードも比較的速い。（ただし，初歩のテキストによってはゆっくりしたスピードで録音されているものもある。）
(4) インプットの量は学習中の教科書に比べてかなり多く，内容は教科書のレッスンのような断片的なものではなく，状況に合った内容を全体で捉える。また，ストーリー性があり話は完結する。
(5) 学習者主導（Learner-centered）の授業形態であるため，学習者が行なう作業が中心であり，教師はそれを観察しながら的確な助言をあたえる。

5　多読・多聴の量

多読指導者にとっては多読の効果を上げるために，いかにして学習者により多くの本を読ませるかということが最重要課題とな

ります。インプット量を増やせば当然読むスピードが速くなり、楽に読めるようになり、語彙認識が自動的にできるようになってきます。もちろん語彙も増えてきます。そうなると更に読む速度が増し、より多く読めるようになります。では、どのぐらい読めば多読といい、その効果が現れてくるのでしょうか。

5-1 100万語多読

　上述したように現在の学校教育で使用される平均的教科書の単語は、中高6年間で約3万語です。もちろん教科書以外に副読本や問題集を用いて多少は英語を読んでいると思いますが、どんなに多く見積もっても5万語ぐらいだと考えられます。これは英語を自由に読めるようになるには全く不十分な量なのです。電気通信大学の酒井邦秀氏が大学生の多読を観察し、100万語読めば楽に英語が読めるようになる第一歩であると述べています（酒井, 2002）。この数字は、偶然ですがアメリカの平均的な小学5年生の年間読書量を調査した研究結果（1年間に読んだ英語量が100万語であった）と合致しているのです（Anderson 他, 1988）。

　英語での読書に慣れていない学習者が1年に100万語読むのはかなり大変ですが、それに近いところまで読む学習者はたくさんいます。私が教えた多読クラスでは、平均的高校2年生の年間読書量は約10〜20万語で、多く読む生徒は40〜50万語読破しました。大学生も平均は同じく10〜20万語ですが、たくさん読む学生は7〜8カ月で100万語を超します。（環境が整い指導方法が上手くいけば中学生でも100万語読むことがあります。）100万語というのは多読の milestone（一里塚）です。ちょうど切りがよく、覚えやすい数字ですが、それだけではなく、酒井氏の観察にもあるとおり、100万語読んだ人には何らかの変化が現れているようです。

前述したように，京都教育大学の鈴木寿一氏によると大阪の公立高校での多読指導経験から，読破200ページ前後から高校生の模擬試験の偏差値が伸び始めたという報告がなされています（鈴木,1996）。200ページとはGraded Readersの1ページを250～300語として計算すると，およそ5～6万語です。私が指導した平均的高校生は5～6万語で英文を読むのに慣れて快適に読めるようになり，10万語ぐらいから徐々に成績が伸び始めました。多読で成績を伸ばすためには最低10万語は必要であると思われますが，本当のreading fluency（読みの流暢さ）を付けるにはその程度では決して十分ではありません。20万語，30万語と読めば読むほどリーディング力は伸びてきて，流暢に読めるようになり，結果的に英語力も向上してきます。50万語を超え，更に70万語を超えると，自分の読書レベルに合う本であれば1分間に読める語数が150～250語（wpm＝150～250）に上がってきます。そのぐらいのスピードで本格的に読んでいる学習者の集中力にはすごいものがあり，そばを通る時はそーっと邪魔をしないように通り，授業終了時のあいさつもはばかられます。また100万語近くになると読書スピードが速くなるため読書量が日に日に増え，毎日5千～1万語ぐらいの本を読む学生が出てきます。また面白いことに，100万語達成して一息つく大人の学習者に比べ，学生の場合はそこで一息入れずにどんどん進んでいく場合が多いので，どこまで伸びるか楽しみです。また，ある学習者は100万語読んだ時点から，英語が聴きやすくなったと報告しています。

5-2　100冊多読

　100万語とまでは言わなくても，10万語でも20万語でも，語数達成を目標において多読指導を始めると，思わぬ落とし穴に落ち

ることがあります。多読授業は基本的に学習者自身に本を選択させるので、高校生でも大学生でも目標語数達成のために語数の多い本を選びがちです。すると、難しくて辞書なしには読めない、長くて読み続ける根気がない、日本語に訳す癖が抜けていないため読むスピードが遅く途中で飽きる、等々の現象が起こり、すぐに多読そのものが厭になります。そこで、私はまず多読初期の2ヶ月でやさしい本100冊読書を目標にしています。本がふんだんにあれば100冊など1ヶ月で達成できますが、やさしい本が不足している場合は、1学期中かかります。なぜやさしい本（特に絵本）を100冊も読ませる必要があるかというと、その理由は次のとおりです。

(1) 英語を逐一日本語に訳す癖を除く

大半の日本人学習者は、難解な英語を分析しながら日本語訳をする徹底した訳読（Yakudoku）の英語教育を中学・高校時代から受けている（Hino, 1988）ため、英語を見ると自動的に日本語が頭に浮かぶという癖がついている学習者が多いのです。複雑な文章であれば、今までの癖が抜けず主語の次に目的語を探したり、関係代名詞を見るとすぐに後に目が行ったりするため、英語で読まずについ日本語で意味をとろうとしてしまいます。その癖を抜いて英語を「直読直解」できるようになるまでに、非常にやさしい英文に大量に接する必要があるのです。

(2) 語彙・文章の自動認識を可能にする

やさしい本の中でも、特に英語を母語とする子ども用に書かれた絵本は、語彙や表現の繰り返しが多く読みやすいため、学習者は絵の助けを借りながら語彙や表現を体に吸収することができます。語彙がわからなくても絵で推測でき、絵があるためその表現

が使われている状況を理解することができるのです。訳した日本語を通して，たいていの場合は前後関係（context）なしで状況を推測しながら理解するのと，絵でその状況を確認しながら理解するのとでは，その語彙や表現の理解度および定着に雲泥の差があります。文章なしで語彙のみの学習やcontextなしで文だけの理解ほど無意味で非効率的な学習法はありません。

　また，やさしい本をたくさん読み大量の平易な英語に接すると，語彙・文章の認識速度は速くなりほとんど苦労せずに自動的に処理できるようになります（Torgesen & Hudson, 2006）。語彙認識が容易になれば，それまで語彙認識に当てていた労力を意味理解や未知語の推測などのより高度な処理に使えるようになります。そうしてステップアップも楽にできるようになるのです。

(3)　学習者に自信を付けさせる

　いったん英語に躓き，それ以来自信喪失している学習者は，たとえそれがどんなに平易な絵本であれ，1冊読破することにより達成感を感じ，10冊，20冊と読み進むにつれ少しずつ自信がつき，やる気が起こってきます。100冊読むころには，いつの間にか読書スピードが上がり語彙認識の自動化も進んで，レベルを上げても平気で読書ができるようになっています。この変化に驚くのは，教師は言うに及ばず，読書を続けた学習者本人なのです。まずは学習者が自信をつけることが先決です。

　100万語が多読の一里塚であるとすれば，絵本の100冊は多読のウォーミング・アップです。平易な本で十分準備運動してから，本格的な多読に入らなければ，怪我や故障がおこり多読を持続できなくなる恐れがあります。やはり，100という数字は多読のマイルストーンのようです。多聴の量については，現在研究中ですので，次の機会に報告することにします。

2 多読・多聴の効果

多読・多聴が急速に広まってきたのはなぜか。第2章では，多読・多聴が情意面や4技能，各種テストなどにどのような効果をもたらすかについて述べます。

1 英語学習における情意面での効果

1-1 やる気を起こす

多読の効果として一番に挙げられるのが情意面の効果です。まずほとんど全員（95%以上）が多読授業を楽しいと言います。下記の感想は主に高校生への多読に関するアンケートと聞き取り調査で出てきたものですが，大学生も同様の感想を述べています。

- 本のレベルが低く自分の英語力で読めるから楽しい
- 絵がかわいいから楽しい
- お話が面白いから楽しい
- 自分で本を選べるから楽しい
- 内容が教科書と違うから楽しい
- 楽しいからやる気が起こる

- 読める英語で書いてあるから読む気が起こる

1-2　自信をつける

　やる気が起こって本を読み出せばしめたものです。自分で読むことができれば，たとえそれがどんなに薄くてやさしい本であっても自信がついてきます。同じく主に高校生，一部大学生の感想です。

- 読んでみたら読めたので自信がついた
- １冊読むと次々に読みたくなった
- 気がついたら50冊も読んでた
- わー！　私，英語の本読んでるんやー
- 自分で英語を読んでるのに気がつかなかった
- 英語だめだと思ってたら意外と読めるから，勉強してみようかな
- 英検受けてみようかな
- 外国人としゃべりたくなった（男子大学生）

とまあ驚くような感想を述べてきます。

1-3　英語嫌い減少

　最後のアンケートで少なからず出てくる感想はつぎのようなものです。

- 英語が好きになった
- 今まで英語を見るのもいやで吐き気がするほどだったけど，

こんな本を読む授業なら楽しくて大好き
- 今まで外国人を見ると逃げていたけど，今度はしゃべってみよう（女子大学生）

　多読授業を行なったことがある先生ならば誰でも経験していると思いますが，多読は学習者の英語学習に対して，実に驚くべき情意面での変化をもたらすのです。多読ほど多くの学習者をやる気にさせモティベーションを高める学習法は，現在のところ他には考えられません。

2　英語力に関する効果

2-1　リーディングスピード向上

　英語力に関して言えば，まず全員リーディングスピードが上がります。ある程度読書が進めば，学習者自身がスピードの伸びを感じますが，実際に時間を計ってみて驚く場合があります。
　「こんなに速く読めてるんや，自分でもびっくりした」
と言う生徒が必ず出てきます。自他共に驚くほど読むスピードが上がります。私の指導法では平均して1分間に読む単語の数 wpm（words per minute）＝100ぐらいのスピードで楽々内容をつかめたらよしとしています。同レベルの本で wpm＝130〜150が続いたらレベルを上げてみるように指導しています。ただ，日本語でも読むのが速い人遅い人がいるように，読むスピードには個人差がありますから，あまり厳しくは言いません。英語圏から来た先生の中には最初から wpm＝250以上などと言う人もいますが，これを日本の学習者に最初から期待するのは無理です。たく

さん読む学習者は徐々にスピードが上がり，wpm＝200〜250くらいで読めるようになってきます。

2-2 リーディング力向上

　次に学習者が自覚するのが，リーディング力の向上です。高校生であれば，模擬試験などの長文が楽に読めるようになったと口々に言います。センター試験の長文も普通の高校2年生で楽に読めるようになってきます。入試終了後の生徒に質問したところやはり長文が読みやすかったと口をそろえて答えました。たくさん読んでいるから当然のことです。面白いのは，
　「入試の長文なんて私たちが読んだ本に比べたら，短文じゃないですか。短い短い！」
と言った生徒も数人いました。また，多読を続けると未知語を気にせずに読むのにも慣れてきます。そこで，長文問題を読む時にも，全体を最後まで一気に読むことができるようになるのです。全体を読むことができれば，木だけでなく森が見えるようになり，全体の構図がわかってきます。そこで初めて，小説の流れや論文の要旨がつかめるようになるのです。前述（エピソード①，②）の受験生や受験後の大学生のような，日本語訳はできても何が書いてあったか内容は理解できない，という非常に無意味な読み方は減ってくるでしょう。

2-3 リスニング力向上

　音声を聴きながら本を読む場合は，当然リスニング力は飛躍的に伸びますが，読書のみでリスニング力が向上するかどうかというと，これは疑問に思われるかもしれません。ところが実際には，

読書だけでリスニング力が伸びたという例が少なからずあります。私の高校生のクラスでは読書前と1年間読書した後にSLEPテスト（Secondary Level English Proficiency Test）を行ない、毎年リーディング力の伸びと、可能な限りでリスニング力の伸びを測っていました。SLEPテストは、TOEFLのやさしいもので、アメリカの高校留学用テストによく使用されます。結果は、リーディング力で大半の生徒が飛躍的な伸びを見せたのは当然ですが、リスニング力が伸びている生徒も多かったのです（75.0%）。一方、大阪国際大学でリスニングのクラスを担当していた時、やはり、授業前（4月）と授業終了後（1月）にSLEPテストを行なったところ、リスニング力は言うに及ばず、多くの学生がリーディング力にも伸びを見せました（63.6%）。

これにはいくつか理由が考えられます。まず、リーディング力とリスニング力は相関しているため、片方が伸びればもう一方も伸びる場合が多いと思われます。一般的に言えることは、日本語に訳をしないで頭からドンドン読んでいくことに慣れると、聴く時にも頭から理解しながら聞けるようになるということです。また、読書をする時、脳内で無意識に声を出しながら読んでいる場合が多く、常に音声を聴いているのと同じ効果をもたらしていると考えられます。

次に述べる2つのエピソードは、社会人の多読実践者の声です。

エピソード ─ ⑤
英語で仕事をしているある人が、多読をした後に渡米したら、これまで以上にテレビの英語がすいすいと耳に入ってきてびっくりした。

恐らくこの人は日本にいる時に英語の本を読んでいたため、知

らず知らずのうちに脳が英語の音声を聞いていたのでしょう。

> **エピソード ── ⑥**
> 　学生時代は英語が苦手だったという成人女性が，毎日車の中で通勤途中にラジオの基礎英語講座を聞いて勉強していたが，どうしても英語が聞き取れなかった。ところが多読を始めておよそ100万語読んだころから英語が急に聞こえ始め，テキストなしでシャドーイングもできるようになった。最近は〈Black Cat Green Apple〉シリーズ（第5章参照）の *Peter Pan* のお母さんになりきってシャドーイングをしているそうである。

次のような大学生もいました。

> **エピソード ── ⑦**
> 　中高時代は全く英語が苦手で，特に長文が苦痛で読みたくなかったという理工学部1回生の後藤君が，400〜1200語レベルのGraded Readersを毎日平均1〜2冊（5,000〜10,000語）読んだところ，2ヶ月でTOEICの得点が145点伸びたが，その伸びは主にリスニングであった。（近畿大学）

　多読を行なった後にTOEICをうけた多くの人が，リスニングの点数が伸びたと報告しています。

2-4　ライティング力向上

　ライティング力が向上したという報告は上記の先行研究（第1章2-2）などに見られますが，国内での研究はあまりなされてい

ません。私の観察では，やはり大量に読書をした学習者は，英作文が上手になるとの感がありました。関西大学の総合情報学部では，前期リーディング，後期ライティングという組み合わせのクラスを担当していました。そのクラスの女子学生で，前期から多読を始め1年間に約70万語読んだ学生が，ライティング授業の途中から素晴らしい英文を書き始めたということがあります。他の学生よりもかなり読書量が多く，英文も際立って上手くなったので，多読の効果であると考えています。

　大量のインプットを行なう多読では，様々な表現に触れるため英語のセンスは磨かれます。それをアウトプットに結び付け，ライティング力を向上させるには，インプットされたものを定着させるプラスアルファーの作業を加えるとより効果的かもしれません。大事なことは，よい文章を書くには，やはりまず大量のよい英文をインプットすることが不可欠であるということです。インプットなしでアウトプットはありえません。

エピソード —— ⑧

　高校でライティングの授業を担当した時，同時に多読も導入した。読書後，my favorite sentence と称して，本の中で一番気に入った文を毎回1文書かせた。そのクラスではライティングの試験にいつもその課で学んだ表現や文法事項を盛り込んだ自由作文を書かせていたが，2学期の試験で2人の生徒が，すばらしい活き活きとした作文を書いた。どこからそのような文章が出てきたか調べたところ，my favorite sentence を上手に生かしたものであった。　　　　（梅花高校）

　2005年にJACET（大学英語教育学会）の関東・甲信越地区研究会で発表したときに，千葉のある大学でも同じように気に入っ

た1文を本文中から抜き書きをさせて,英語力が伸びたと聞きました。

> **エピソード —— ⑨**
> 　東京の鷗友学園では中学1～2年生に〈Oxford Reading Tree〉のシリーズを読ませて,3年ではその文章を使いながら自分たちでお話を作り,本にするというという授業を行なっている。1文1文は短くても皆自然な活き活きとした表現を用い,文と文の繋がりはスムーズで,完全な英語のお話を作っている。(第7章2参照)

　このように多読に少し手を加えると,本当のライティング力がつくこと請け合いです。

2-5　スピーキング力向上

　スピーキング力はどうでしょうか。ライティング力以上に伸びが信じられない人が大半でしょう。ほとんどの人は読んだことが直接の原因でしゃべれるようになるとは考えにくいでしょう。私も不思議なのですが,実際に口から英語がぽろっと出てきたと言う人はいます。恐らくほとんどの人は英語を読むとき頭の中で声を出しながら読んでいるので,常に脳内で英語の音声を聴いており,その音が自然と口に出たということでしょう。

> **エピソード —— ⑩**
> 　近畿大学理工学部の上嶋君は1回生の時授業で初めて多読に接し,TOEIC の得点が大幅に伸びた。多読の効果を信じた彼は授業終了後も自分で多読を続けていた。すると,今度

は思わぬところにその効果が現れた。主に Graded Readers レベル2〜3の本を読み続けていたところ，徐々に文中のフレーズが口をついて出てくるようになり，外国人の先生との会話がとても楽にできるようになったのである。

エピソード ── ⑪
多読を続けていたある成人女性は，それまで英会話の経験がほとんどなかったにもかかわらず，外国人が目の前に現れた時思わず"Hello !"といって語りかけた。

2-6　文法力向上

　何をもって文法力と言うか色々意見が分かれると思いますが，多読の結果，受験参考書あるいは文法事項習得を目的とした大学受験用の文法問題が即解けるようになるかどうかは疑問です。ところが文章の語順，構造等はたくさん読んでいくうちに自然と学んでいくため，TOEIC のパート5や6の文中の空欄に適語を選択し，挿入する形式の文法問題は容易になります。学生のアンケートで「どこに形容詞が来るかわかった」とか『文の構造がわかった』という感想が出てきます。つまり，文法は先に学習するよりも，自然な文章をたくさん読んだ後にまとめとして学習するほうが，納得して吸収できるのです。多読授業後のアンケートでは，文法力が伸びたと答える学生が毎年必ずいます（平均20％）。当然読書量が多いクラスほどその率は高いのですが，英語を母語とする子ども用の絵本を大量に読んだ再履修クラスで，40％以上の学生が文法力の伸びを感じたと報告したのは驚きでした。また，

面白いことに,英語力が高いクラスの中でも,再履修生と同様の平易な絵本を大量に読んだグループの40％の学生が,文法の伸びを実感しています。ちなみにこのグループは EPER クローズテストでも一番大きな伸びを示しました (p.73参照)。

> **エピソード** ── ⑫
> 多読クラスの大学生144名対象に高校で学ぶ基本的な文法事項のテストを4月と7月に行なったところ,わずか2.5ヶ月の多読であるにもかかわらず,文法全体が伸びており,特に to 不定詞と仮主語は伸びに有意差が認められたという報告がある。そのクラスは多読以外全く英語の勉強をしていないので,それは多読の効果と言える。これは,私の多読クラスを毎回見学し,多読の研究をした大学院生のマスター論文として発表されている (Maruhashi, 2011)。

2-7 語彙力向上

語彙力の伸びはイギリス,アメリカ,香港,パキスタン等での学習者を対象にした研究の中で報告されています。国内では語彙力が伸びた報告している人 (Yamazaki, 1996) と新しい語彙はあまり増えないが既知語は定着するという研究があります (Waring & Takagi, 2003)。語彙は遭遇回数が多いほど記憶に残るため,読書量が増えればそれだけ多くの語彙に遭遇するので,定着しやすくなるのです。また,やさしい本は主に使用頻度の高い基本語1,000〜2,000語で書かれているため,頻度の高い基本語彙が定着し,語彙力も伸びるというのは,それが未知語であっても既知語であっても当然のことです。絵本を読んで語彙が増えること

はよくあります。読書記録手帳（p. 79参照）のコメント欄に，新しい単語"xxx"の意味がわかったという報告は大変多く，特にノンフィクションの学習絵本で内容に関する知識がある場合は，更にその効果は大きくなります。

エピソード —— ⑬
近畿大学理工学部のライティング授業の中で，ノンフィクションの〈Let's-Read-and-Find-Out Science〉シリーズ（p. 137参照）を読ませたところ，内容に関する予備知識を持っていたため，それに関する新しい語彙と表現をたくさん学んだとのコメントが多かった。

エピソード —— ⑭
英検3級を目指して勉強をしていた成人女性が，英検のテキストで勉強しても伸びず，一時中断してノンフィクションの絵本をしばらく読んでいた。その後英検テキストで勉強を再開したところ，絵本で目にした単語が多く，語彙が非常にやさしく感じられた。

エピソード —— ⑮
10数年前，自宅で教えていた近所の陽子ちゃんに多読を導入した。中学3年の時，Roald Dahl の *The Enormous Crocodile* を手に取り「enormousってなに？」と質問したので，「まあ，読んでみてごらん。」と言って，説明せずに読ませた。ところが読み進めるうちに，「わかった！」と納得。その本の中でその他の語彙も数個推測できたのである。多読

をすれば多かれ少なかれ，前後から語彙を推測できるようになるので，ここで話が終われば，特記することもないが，話は続く。高校で英語科会の時に多読の説明をし，多読の効果の一例としてこの話を紹介したところ，ある同僚曰く，「enormous ひとつ覚えるのに，何も1冊本を読まなくても，辞書を引けばすぐわかる」（！）

　大量の受験参考書を使用し，生徒の受験準備に時間との戦いを強いられている学校現場では，常に効率を考えているためこのような発想をする英語教師は意外と多いかもしれません。ところが，陽子ちゃんの語彙習得法では文脈や話の前後関係から語彙を学ぶので，その単語が生きています。辞書で覚えた単語で作文をすると，えてしてぎこちない文章ができあがることがあります。それに比べて陽子ちゃん式で習得した語彙はすぐに使え，自然な英文を作るのです。語彙の深みが違います。辞書を引いて意味を覚えるよりは時間がかかりますが，本を1冊読み通せばその時間に見合うだけの，辞書で単語を覚える何倍もの様々な収穫があるのです。

　ちなみにこの陽子ちゃんは高校では英語科に進まなかったにもかかわらず，選ばれて英語科の生徒と一緒にアメリカを訪問し，現地の人との交歓会の時に一番自然な英語で素晴らしいスピーチをしました。その後も，ホームステイ先のホストファミリーと頻繁に英語でメールを交わし，英語を自在に駆使しています。

　Mason 紅子氏の研究（2005）では，Storytelling（語り聞かせ）で獲得した語彙の定着率は単語リストで暗記した場合よりも長期間定着したという結果が出ています（第3章 p. 88参照）。やはり，耳からのインプットであれ目からのインプットであれ，少々時間はかかっても，文脈や前後関係の中で使用される語彙を獲得する

方が,定着もよくその運用能力は高まるといえます。

　多読で語彙が伸びるか(特に incidental learning)という議論は常に行なわれています。これは Yes とも No ともいえます。知らない単語を単に飛ばして読んでいるだけでは恐らく語彙はあまり増えないでしょう。特に,初期の学習者は英語の文章を読んで話の筋を追っていくのに精一杯なので,知らない単語を推測することまでは難しくて,読み飛ばすだけしかできないかもしれません。ところが多読が進みリーディング力も上がってくると,徐々に知らない単語の意味を推測できるようになってくるのです。これは何度も出てくるやさしい単語や文章は考えなくても見ただけで理解できるようになる(処理の自動化)ため,注意が他に向けられ,より高度な処理ができるようになるのです。リーディング力が伸びてくれば,多読での習得語彙も増えてきます。(このことはワーキングメモリーと関係があるのですが,ワーキングメモリーに関しての詳しい説明は『英語リーディングのメカニズム』(門田・野呂,2001,p. 121-146)をご覧ください。)

　多読初期の場合でも,エピソード⑮の陽子ちゃんのように未知語に対して疑問を持ちながら読んだり,Mason 氏の「語り聞かせ」のように未知語に注意を向けさせたりすれば語彙は確実に増えていきます。また,絵本を読む時に未知語と絵とを結び付けるのもよい方法です。絵本によっては語彙習得を目的として絵の横に単語が書いてあるものもあります。

エピソード ── ⑯
　高2のクラスで,ある時,語彙調査のため多読授業中に知らない単語を書き留めるよう指示した。ところが,数名の生徒が途中で最初に書いたのを何個も消しはじめた。理由をきいてみると,最初はわからなかったが,次のページを読んだ

> ら意味がわかった，とのことだった。

　ちょっと単語に注意を向けるだけで，語彙習得が容易になります。語彙習得のためには，読書中気になった単語を読書後に辞書で確認することも効果的です。

2-8　スペリング力向上

　スペリング力に関しては，海外では Polak & Krashen（1988）がアメリカ在住の ESL の学生を対象に，国内では Day & Swan（1991）が日本人の EFL の学生を対象に研究した結果，スペリングの向上を認めています。

2-9　発音・イントネーション・リズム向上

　これは多読のみでは無理だと思いますが，多聴及びシャドーイングを行なうことにより確実に伸びていきます。実際に私が過去に教えた高校・大学のクラスではシャドーイングにより発音・イントネーション・リズムすべてがすばらしく自然な英語に近づきました。多聴のみによりこれらが伸びたという研究はまだ記憶にありませんが，英語学習初期の中1からシャドーイング・多聴を始めた場合は確実に自然な音を習得していきます。

3 各種試験に対する効果

3-1 大学入試センター試験・入試長文・模擬試験

　中学・高校の先生方が一番気になるのは，はたして多読が各種試験や高校・大学入試に効果があるだろうかということでしょう。これらの試験の長文問題は，受験生にとっては一番の難関で，頭を悩まし，恐れ，嫌がっている問題です。ところが，1年でも多読を経験した生徒は，一様に長文問題が怖くなくなったと言います。まず，リーディングスピード向上の項（p.33参照）で述べたとおり，多読では大量の英語の本を読むため，読む速度は確実に速くなります。読む速度が速いことはあらゆるテストで有利になります。模試の長文を時間内に読み終えるのに苦労している受験生が多い中，多読を進めてきた受験生にはその問題がなく，余裕を持って時間内に終了できるようになります。次に，未知の単語を飛ばして全体を読めるようになったという生徒の感想も多く出てきます。長文の全体像がつかめると，当然内容をよく理解できるようになり，正答率が上がります。

　私が以前担当した高校生のクラスでは，模擬試験の長文問題の得点が平均的に伸びたと，担任からの報告を受けました。なかでも傑出していたのは，多読開始7ヶ月で受けた模試の結果は，約30万語読破した生徒の英語の偏差値が12点上昇，約40万語読破した生徒の英語の偏差値が一気に15点上昇したなどです。

　大学入試を終えた高校3年生に聞き取り調査をしたところ，3年生の時は多読をやらずに入試問題ばかりやっていたにもかかわらず，2年時にたくさん読んだのが役に立った，長文が楽だったと答えた生徒が多かったのが印象的でした。リーディング力向上

の項（p. 34参照）で述べたとおりです。

　学校ではありませんが東京のSEG（本来は数学塾）という塾では，中学1年時から週1回80分の多読・多聴を始めたクラスが中学2年の終わりにACEテスト[1]を受け高校生の平均点を上回りました。塾という性質上その利点を考慮して，高校生の受験生上位20%のみと比較してみたところ，それでも多聴・多読を行なった中学生の方が，上・中・下すべてのクラスにおいてリスニングと読解は高校生を上回ったという報告があります（Furukawa, 2008）。

3-2　英検，TOEIC／TOEFL

　多読が英検のテストに与える効果は武庫川女子大学附属中学校の例で明らかです（第7章1, p. 186参照）。中学1年から英語学習開始とともに多読を始め，中学2年で英検準2級に合格した生徒がクラスの42%，中3の秋の時点で準2級合格者が78%，2級合格者が9.5%います。やはり中1から多読・多聴を始めた東京の中学生で，中3の秋に準1級に合格した生徒もいます。

　エピソード⑭の成人女性のように，多読を初めると同時に英検を受け始め，4級から徐々に級を上げて行っている人（p. 41参照），多読をしながら生徒と競争して英検2級や準1級をクリアして行っている元同僚の理科の教師などがいます（Takase, 2008）。

---

1) ACEテストとは英語運用能力評価協会（ELPA : English Language Proficiency Assessment）主催で，桐原書店・三省堂が協力して運営している英語運用能力テスト。主に高校生を対象としたマークシート式試験であり，TOEICの高校生版のようなもの。レベルはセンター試験と同じくらい。内容は文法（150）・語彙（150）・聴解（300）・読解（300）の900点満点で構成されている。

最近国内では学内TOEICを実施する大学が増加しているので，TOEICに与える多読の効果について述べます。私は現在まで6年間，多読指導を行なったクラスのTOEICの結果を調査してきました。その中で授業中に10分間多読を行なった理工学部2クラスのTOEIC平均点は，多読なしでTOEICの勉強のみ行なった他のクラスの平均点をかなり上回っていました。下記の2人は，その中の代表的な学生です。

エピソード ── ⑰

　理工学部1回生の授業中に毎週2回10分間読書を行なった後藤君は8ヶ月間でTOEICの得点が430点から595点に伸び，上嶋君は5ヶ月で515点から600点に伸びた。授業の翌年，私はこの2人を含めた数人の学生に偶然図書館で出会った。彼らは多読で確実に英語力が伸びたと手ごたえを感じ，授業終了後も読書を続けていたと話してくれた。その後も多読を続け，後藤君は大阪大学の大学院へ，上嶋君ともうひとりは近畿大学の大学院へ進んだ。上嶋君は専門の勉強の傍ら多読を続け，毎年着実にTOEICの得点を伸ばし，多読のみで805点を獲得した。現在も楽しんで多読を続けている。

エピソード ── ⑱

　理科の教師である元同僚の増田直美氏は，英会話スクール等を利用しながらTOEICの勉強を続けていたが，得点が600点からなかなか上昇しなかった。ちょうどその頃，担任をしていたクラスの生徒が私の多読授業の時に図書館で借りた英語の絵本〈Curious George〉（「ひとまねこざる」シリーズ）を読んでいるのを見た。子どもの頃大好きだった絵本な

> ので，英語で生徒と一緒に読むことにした。これをきっかけに多読を始め，1年間読書を続けたところ，TOEICの得点が一気に760に上昇したのである。なお，多読開始後半年〜1年目の学生同様，点数が伸びたのは主にリスニングのセクションであった。

　どこで点数が伸びるかというと，まず読書スピードが上がっているためTOEICのリーディング部門が時間内に読めるようになります。今まで私が担当した大学生では，約40万語読破した学生は，ほとんど皆TOEICのリーディングセクションを読み終えています。中には時間が余ったという学生もいます。得点結果は500〜900点と様々です。また，面白いことになぜかTOEICのリスニングセクションの点数が伸びる学生が多いのです（本章2-3参照）。

　愛知県の豊田高専で5年間にわたって長期的に多読を実践した結果，クラス全体のTOEICスコアが毎年着実に40点ずつ伸びているという報告がなされています（西澤, 2008）。1年間のみでなく4年5年と長期にわたって多読を持続すれば，それだけ英語力の伸びが大きくなるという実践研究です（第7章4参照）。

4　その他の効果

4-1　読書の習慣づけ（英語での読書→日本語での読書）

　最近の若者は本を読まなくなったとよく言われますが，実際に調査をしてみると本当に恐るべき状況であることがわかりました。大阪にある私立女子中高の高校2年生対象に1999〜2001年の3年

間続けて調査をしたのですが，日本語の本を1年間全く読まなかったのは216人中29人（13.4％），授業の課題として与えられた本も含めて1～11冊（月平均1冊未満）しか読まなかった生徒は152人（70.4％）にも上ったのです。その後その数は増えることはあっても減っていることはないと思われます。そのような状況で，果たして英語の本を読むのかという質問をよく受けますが，不思議なことに英語の本は読書とは考えていないのか，英語での読書が新鮮なのか，よく読むのです。上記高校生の日本語での読書と英語での読書との相関を調べたところ，なんと弱いマイナスの相関が出た年もあります。ところが，その後当該校の図書館からの報告によりますと，英語の本を借りに来る生徒がついでに日本語の本も借りていくようになり，図書館の貸し出し冊数が，英語はもちろんのこと日本語の本に関しても非常に伸びたとのことでした。このことは活字に目を通す習慣がついてきた生徒が増えたことを示していると考えられます。

　英語教師の中にも，授業に多読を取り入れ始めて，英語の本のみならず日本語の本も読むようになったという人もいます。

4-2　集中力持続時間（attention span）増加

　多読授業を行なう場合，じっと座って読書をすることができない生徒がいるという先生の悩みを時々聞きます。その時は，ストップウォッチが有効です。比較的やさしくて楽に読める本を与え，「さあ，10分間でどれだけ読めるか計りますから，読めるだけ読んでみてください。」といって，ストップウォッチ片手に"Ready? Go!"とやれば，全員集中すること請け合いです。大学生でも最初はこれから入ります。その時間を少しづつ長くしていけば，集中力も徐々に長くなっていきます。中学・高校生でも30

分は大丈夫でしょう。

　また，逆に1冊の薄い本を何分何十秒で読み終えることができるか計る速読練習方法も，集中力を高めます。高校でこの方法を行なう時には〈Pearson Readers（PGR）〉0のシリーズをよく使いました。種類が多くほとんどの生徒が10〜20分で読み終えるため，とても便利でした。毎授業でこの方法を行なっていたら，面白いことに授業には直接何も関係ない日本語プリントを配った時にも，クラス中が一斉にサーッと目を通すようになりました。英語を10分読むときの集中力がストップウォッチなしで他にも転用されたのです。非常に集中力が欠けている生徒が多いクラスはまず5〜10分から始めて，時間が許す限り徐々に長くしていけば，集中力持続時間も少しずつ長くなります。

　以前に勤務した大学で，再履修クラスや英語が大の苦手・大嫌いという学生が集合しているクラスでは，いつも90分の多読授業（80分読書＋10分まとめ）を行なっていました。もともと英語が苦手の学生が多いため，大学生といっても英語の時間はほとんど集中できない学生もいました。最初から80分集中して読書をする学生がいる一方で，10〜15分も集中できない学生がいるのです。途中で集中が切れてきょろきょろしたり，隣の人に話しかけようとしたり，居眠りし始めたり，挙句の果てはトイレに行ったりするような学生が毎年数人はいます。ところが他の人が皆真剣に読書をしているため，仕方なく，本を取り替えたりしてまた読み始めるのです。前期の終わり頃には，周りの雰囲気にのまれて，途切れ途切れながらもなんとか80分間集中して読書が続けられるようになりました。当人達にしてみれば，英語の時間にこのように集中して本を読むことなど，それまでは考えられなかった事でしょう。

4-3　学習意欲向上

　多読を授業に取り入れれば，英語の授業で学習意欲をつけることができます。まずはじっと椅子に座り10分間読む癖をつけます。そのとき大事なのは，平易な英語で書かれた本で学習者の興味を引くものを提供することです。自分で読めてしかも面白ければ必ず皆飛びついてきます。そうして徐々に読書時間を増やし読書量を上げていきます。すると，確実に英語に対する苦手意識が減少し嫌悪感も薄れ，英語を読むのが楽になってくるのです。自信がついてくると，英語が面白くなり，読書以外の他の英語の勉強も始めるようになります。徐々に英語の成績が上がってくれば，意欲が出てきて他の科目にも目が向きだします。こうなればしめたものです。前述の高校図書館からの報告によると，英語の本に次いで日本語の本の貸し出し冊数が増えただけでなく，英語の本を借りに来た生徒がついでに勉強をしていくようになり，放課後図書館で勉強する生徒も増えた，とのことでした。

4-4　視野の拡大，外国文化・生活習慣に対する理解

　多読授業終了時のアンケートの自由記述欄に，毎年何人もの学生が次のような感想を述べています。

- 授業でいろんな本を読んだため視野が広がった
- 英語の本を読んで今まで知らなかった外国の文化・生活習慣がわかった
- イギリスの歴史がよくわかった（例：公開処刑，ペストの原因，シェークスピアの生涯など）
- 外国では車は道の右側を走ると教わっていたが，イギリスの

絵本では車が日本と同じ左を走っていた
- イスラム教の子どもたちの習慣がわかった
- 日本の絵本はハッピーエンドが多いが，欧米の絵本は残酷なシーンがあり，必ずしもハッピーエンドになるとは限らない

　これらは，やはり文字から学ぶだけでなく，多読初期に読む絵本から学ぶ場合も多いようです。話と同時に絵を通して文化も吸収するため印象が強くて，後々まで話の内容も英語も残るのです。多読により，異文化に対する理解・関心が深まったことがうかがえます。

4-5　物語全体の理解力向上

　通常の英語の授業では，教科書のひとつの話が完了するのに4〜5回の授業を受けるため，最後の方になると最初の話の内容を忘れてしまっている場合が多く，興味をそがれることも多いと思います。しかも，教科書の1課に1話全てをまとめて入れ込むために無理に短くし，さらに，その短い中に特定の文法事項を入れるため文章に無駄やゆとりがなく，自然な英語とはかけ離れたものになっています。そうなると，話が無味乾燥になり，物語としての面白さが半減するため，学習者はさらに興味を失っていくのです。一方，多読で読む本はどれも話がとぎれず1冊で完結しています（話が長くて2〜3冊に分けられる場合はありますが）。しかも，非常に自然な英語で書かれているため，表現が活き活きしています。そのため物語全体の流れを読み取ることができ，理解力も向上します。

　ただし，英語を母語とする子どものための Leveled Readers や Children's Book（児童書）などと違って，外国人が英語を学

習するために書かれた Graded Readers の初歩のレベルの本の中には，無理に語彙・文法を制限し内容を簡素化したため，無味乾燥になり，かえって解りにくくなったものもたまにありますが，レベルが上がるとこれはほとんどみられません。

4-6 話す意欲向上

多読を行なっただけで話す意欲が出るとはなんとも不思議なことに思われるかもしれませんが，実際にあるのです。次のエピソードをご覧ください。

> **エピソード ── ⑲**
> 英語が大の苦手だという学生の話。観光地に住んでいる彼女は，外国の人に道を聞かれそうになるといつも逃げていた。ところが，多読を始め1ヶ月もすると徐々に自信がつき始め，外国の観光客と積極的に話してみようという気になった。それからは道を聞かれると躊躇せずに身振り手振りを交えて道案内をしている。やさしい本をたくさん読み自信が付いたこともあり，挑戦する意欲が出てきたのである。　　（関西大学）

5 多聴の効果

5-1 物語全体を聴く力向上

ここからは多聴の効果です。多聴を行なう場合は一気に1話全部を聴きとるため，断片的な会話の練習用音声と違い，話全体の

流れをつかむことができるようになります。よい朗読者の音声をたくさん聴けば，おのずとリズム・イントネーションを聴き取れるようになり，活き活きした語り口から，話全体を楽しむことができるようになってきます。色々素晴らしい録音教材がありますので，詳しくは多聴教材の中で説明します（第5章参照）。

5-2　リスニング力の向上

現在の高校生・大学生は，一般的に目に頼りすぎているため，テキストなしで聴く事に非常な困難を感じる学習者が多いのに驚かされます。これは英語学習の初期から耳を通してのインプットが十分になされていないためでしょう。Communicative English の必要性が重視され，中学ではかなりリスニングのインプットが増加したと思っていましたが，実際はそうでもないようです。ただし，これは現場の中学・高校の英語指導方針いかんで，かなり差がでるようです。

以前に教鞭を取っていた梅花高校では，30数年前から米国人の常勤3人・非常勤2人を中心として生きた英語教育が行なわれていました。中学生には絵本の読み聞かせが導入され，高校の外国語科コースの授業には Oral Interpretation（英語音声表現）という科目がありました。OI の専門家である Elizabeth Robinson 氏の指導のもと様々な活動が行なわれ，そのひとつは生徒自身が英語の絵本をクラスの皆に読んで聞かせるというものでした。これは，聴く人を引き付けるような活き活きとした読み方を学ぶもので，生徒は授業をとても楽しんでいました。まずは耳からの自然な英語のインプットを行ない，内容を理解しそれをアウトプットに結び付けるので，結果的に生徒のリスニング力・リーディング力・スピーキング力どれも強化されました。ある卒業生は，

「大学生になり皆と外国旅行した時に，梅花高校出身の自分達だけは全然英語に不自由しなかった。」と話していました。私が高知県の受験校からこの梅花高校に移ってきて初めて教壇に立った時には，英語で授業をしても動じず，英語での質問にも難なく英語で反応してくる生徒の英語運用能力の高さに非常に驚いたものでした。

　このような中高はあまり多くないようで，大半の大学生のリスニング力はリーディング力に比べるとかなり弱いのが現状です。リスニング力とリーディング力両方を調べたところ，その片寄り方はひどく，テキストなしで音声を聴くとおよそ20％〜40％の内容理解しかできない場合でも，テキストを見ながら聴けば，またはテキストを読めば，90〜100％理解できると答える学生が大半です。これはやはり，英語学習初期に行なうべき耳からのインプットが大幅に不足しているため起こる現象でしょう。

　本章3-1で触れた東京のSEGでは中学1年から英語学習を始めると同時に多読・多聴を開始し，1年間は全員聴き読みを行ない，中学2年からは多読のみでも多読・多聴併用どちらでも可，として授業を進めてきました。すると，前述のACEテストでまず高校生を凌いだのがリーディング・リスニングでした。そのうちのひとりはなんと，中3で英検の準1級とTOEICで850点を取得したのです。495満点のリスニングの得点が465点だったということは，まさに多聴を多読と同時に行なった効果ですね。当時の読破語数はおよそ276万語で，〈Harry Potter〉シリーズなどを読んでいました。ちなみに彼は帰国子女でもなく，中学に入るまでは英語は全く勉強していませんでした。

　このように，英語学習の初期から多読と同時に多聴を導入すれば，大学生になって多読・多聴を始めるよりは効果が非常に大きいのです。

5-3　文字と音声の関連付け

　聴くのが苦手な学習者に効果的なのが聴き読みです。特に，初期の英語学習者には，非常に大きな効力を発揮します。初期の学習者または英語が苦手な学習者は，音声と文字が結びつかない場合が多いので，音声を聴きながら文字を目で追っていけば，自然と両者が結びつくようになります。しかも目と耳から同時にインプットされるので，効果が倍増されると考えられます。

　最近，声に出して英語を読むのが非常に困難な学習者が増加しているのにも驚かされます。高校生で，knock を読めなくて，絵本でドアをたたく動作を見て，初めて「ああ，これノックや！知らんかった。」と新発見に感動している生徒がいました。英語学習初期から多聴を導入し，文字と音を関連させ，生きた使える英語習得を目指すのが大切だと思います。次のエピソードは，私が個人的に行なった多読・多聴レッスンの内容と成果です。

エピソード ── ⑳

　隣家に住む遼太郎君に，中学入試終了後の小学6年の2月20日から絵本の読み聞かせを始めた。アルファベットは大体知っていたが，英語は全く始めてだったため，〈Oxford Reading Tree（ORT）〉1＋，〈Clifford〉，〈Longman Literacy Land Story Street（LLL-SS）〉（図書については第5章参照）等からスタートし，4月初めの中学入学までに，およそ100冊読み聞かせをした。当時は教材に CD が付いていなかったため，読み聞かせしながら私の声をカセットテープに録音し，自宅で再度聴けるようにと，本とカセットを持ち帰らせた。ひたすら読むだけで，語彙も教えず日本語の訳も一切しなかったため，時々どこを読んでいるか確認したこ

とがあるが，的確に指で指すので安心し，また驚きもした。中学入学後も毎週読み聞かせは続き，5月の連休までに更に50冊，6月中旬までに更に30冊（話が長くなってくるため，時間がかかる）と進めていった。その頃は既にORT7，LLL7を終了し，同じLLLの中でも好みが出てきていたため，LLL8〜12から本人の希望のものを読んでいった。中には3,390語（LLL11：*Up the Dizzy Mountain*）という長いものもあり，私が疲れてつい早口になり，どんどん読み進めた。ところがこの中1の遼君，ふんふんとうなずきながら，私の読む速度にあわせてページをめくるのである。待てよ，この子は本当に内容を理解してるんだろうか，と何度も怪しんで途中で話をさせたところ，ほぼ理解していたので，更に夏休みまで私はとにかく読み続け，彼は聴きながらページをめくり続けた。こうして彼のリスニング力はリーディング力とともに養われたのである。早口で読んだのが功を奏したのか，少々速い英語でも聞き取れるようになっていった。

5-4　多読のスピードを上げ効果を高める

　英語学習初期から多読同様多聴を導入すれば，多読の進みが早くなります。これはどういうことか説明しましょう。多読を行なう場合，知らない単語が出てくれば気にせずに飛ばして読んでいくように，と指導するものの，やはり学習者は気になる場合が多いのです。知らない単語が数個あれば読む気が失せるという学習者もいます。その単語のところで，目が留まり，読書の流れが止まる可能性があります。そのような時に，音声が同時に入ってくれば，先に進むしかないわけです。知らない単語のところで考え

込む余地がなくどんどん進んでいくため，自己の読書ペースよりも早く読み上げることになるのです。

　語彙習得にも効果があります。読書中に出会う未知語の意味を推測せずにただ飛ばして読むだけの場合は，その語彙習得の可能性は低いですが，いかに知らない単語や未知の表現であっても耳からのインプットが何度もあれば，それが自然に耳についていつの間にか音声で記憶してしまいます。母語習得時と同じような状況になるのです。いったん，その単語，熟語，表現等の意味がわかれば，それは確実に習得できるのです。

　また，読書にすぐ集中できない場合でも，音声がどんどん進んでいくため，いつの間にか話に入り込んでしまいます。このようにして，中学生の100万語，200万語，300万語達成などが実現可能なものとなるのです。

　以上のような理由で，多読と同時に多聴を行なえば，日本語的発音やリズムがインプットされる前に自然な英語の音声を吸収し，多読の進行に役立ち，語彙習得にも更に一役買うし，当然リスニング力は伸びる，というように，一石三鳥四鳥の効果があります。前述のSEGや後述の武庫川女子大学附属中学校の例（p.186参照）でも明らかなように，多聴は英語学習の初期から行なう方がより高い効果が期待できます。

〈まとめ〉

　第2章では多読・多聴の効果全般について述べました。多読・多聴が学習者の情意面で大いにプラスに働いて，英語に自信を持ち，英語嫌いが減っていくのがわかります。またリーディングのみならず各種試験にも効果があり，学習意欲もわいてくるし集中力も増した例も紹介しました。次の第3章では実際の多読・多聴導入にあたり，最も重要なことを述べます。

3 多読・多聴指導の三大ポイント

> 第3章では，多読・多聴指導に不可欠なポイント，(1)授業内多読・多聴，(2)やさしい話（聴きやすい音声）から始めること，(3)最少の読書後課題，(4)多読・多聴同時導入について解説します。

1 多読指導に不可欠な三大ポイント

多読指導に不可欠な三大ポイントは次の通りです。

> (1) SSR (Sustained Silent Reading)
>   授業内読書
> (2) SSS (Start with Simple Stories)
>   最初はやさしい本から
> (3) SST (Short Subsequent Tasks)
>   最少の読書後課題

多読指導上のポイントは様々ありますが，これまでの経験から，ここでは特に日本人学習者に的を絞った効果的な方法を順に紹介していきます。

第3章 多読・多聴指導の三大ポイント —— 59

1-1 SSR (Sustained Silent Reading) ―授業内読書

　Jenny Henry (1995) に，SSR produces one of "the most beautiful silences on earth" ということばがあります。SSRの研究は1930年代に始まり，1970年代からは第一言語向上，第二言語習得を目指す子ども，若者，大人に効果があるという結果が諸外国で報告されています (Greaney & Clarke, 1973；Krashen, 1993；Pilgreen, 2000)。国内での研究にもあるように多読を成功させるひとつ目の決定的要因は，授業内読書 (SSR) の時間を設けることです (飯田, 2006；内山, 2008；田澤, 2005；高瀬, 2005, 2007a；Takase, 2008；Takase & Nishizawa, 2009)。本来，読書は個人で行なうものですが，外国語学習の一環として行なう多読は，一般の読書と違い授業中の教師の指導が成否を左右します。授業内多読の利点はたくさんありますが，主に次の3点が挙げられます。

(1) 学習者の読書時間を確保できる

　最近の中学生・高校生はクラブ活動や塾通い，また他の科目の勉強や宿題，あるいはケータイでのメールやおしゃべりで忙しく，大学生は専門の勉強，アルバイト，サークル活動等で多忙な生活をおくっています。高校生の中には，「他の宿題を先に終わらせて読書をしようと思うと結局時間がなくなる」と訴えた生徒も少なからずいました。大学生の中には，アルバイトが忙しく読書時間の確保ができなくて，結局単位取得をあきらめる学生も出てきます。毎年，多読授業の最後にアンケートを行なうのですが，多読が思うように進まなかった主な原因のひとつに挙げられるのが，時間不足です。このように意欲はあっても物理的な時間の確保が難しい学習者にとっては，授業時間中に多読を行なうことが絶対

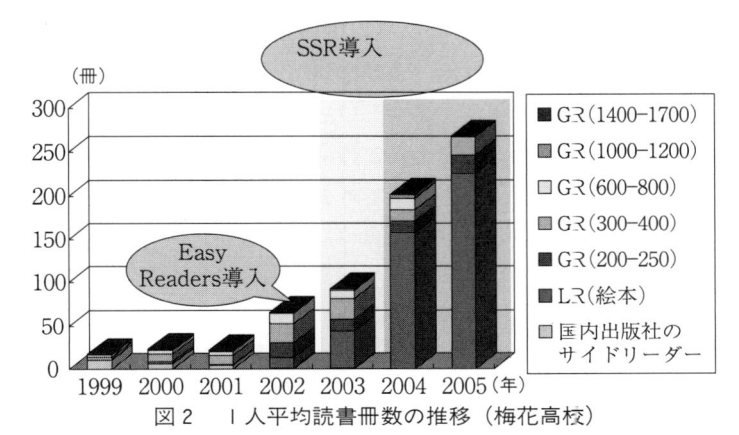

図2 1人平均読書冊数の推移（梅花高校）

（SSR導入：2003年は3学期のみ，2004，2005年は毎週1回1時間
GR：Graded Readers，数字は語彙レベル，LR：Leveled Readers）

に必要なのです。

　図2は授業内多読を始めたことによって，高校生のクラスでそれまで伸び悩んでいた読書量が飛躍的に増えたことを表しています。特に，それまで授業外では申し訳程度にしか読まなかった生徒たちが読書を始め，多読の楽しみを味わうようになったのです（高瀬，2005）。底辺が上がってくればしめたものです。クラス全体の読書に対する熱意も高まり，当然クラス平均の読書量も伸びて，やる気満々の生徒が増えてきました。

(2)　**指導者が学習者の読書状況を観察できる**

　多読指導で忘れてならないのは教師の役割です。その大切な役割のひとつに学習者の多読状況を知るということがあります。実際に生徒がどのような本をどのように読んでいるか，自分の目で確かめる必要があります。日本の学習者は，平易な本を読むことは学習ではない，つまり，労なくして得るものなしという"No pain, no gain"の感覚に慣らされてきています（Apple, 2007；Takase, 2004a）。そのため，多読初期に平易な英語で書かれた本を大量に読むのが効果的であるといわれていても，やさしい英語の本を読むのに抵抗をおぼえ，自分の英語力以上のレベルの高い本を読もうとする学生が必ず出てきます。なるべく早い時期にそのような学生を見つけて軌道修正してやらなければ，その学習者は多読の恩恵を受けないまま終わってしまう恐れがあるのです。

　私は最初，私立女子高校で多読指導を始め，その後女子大でも多読指導を行なったためか，やさしい本を読ませることがそんなに大変なことだとは感じませんでした。生徒へのアンケートの自由記述欄や聞き取り調査の時に「こんなに楽しいことが勉強であっていいの？」（勉強とは苦しいものだという考え）とか「辞書も引かない，日本語訳もしないで英語の本を読むのに罪悪感がある」などの感想が数人の生徒から出てきましたが，大半の生徒はやさしい絵本を楽しんでいました。

　ところが，その後相次いで2つの男女共学の大学で多読指導をするようになって，やさしい本を読ませるのがいかに大変なことなのか実感しました。つまり，やさしい本に一番抵抗を示すのは主に男子学生と英語に自信がある一部の女子学生なのです。実際の英語力以上の本を選択するのは，プライドが高い男子学生が多いようです。例えば，次のようなことがありました。

エピソード ── [20]

　大半の学生が英語は苦手だという工学部で，多読授業を始めた。英語が苦手だとはいえ難関入試をクリアしてきたのであるから，できるはずだというのでプライドが高い。いつものことであるが，授業最初に EPER テスト（p.74参照）を行ない，学習者の英語力を大体把握してその後の指導の参考に

する。テストの結果，クラスの中でも一番英語を苦手とする学生がいきなり〈Pearson Readers（PGR）〉Level 2（基本語600語）を読み始めた。コメントに「難しい，わからん」とあったため，やんわりとレベルを下げるように何度か勧めたが，そうするには彼のプライドが許さない。そこでしばらく静観していたところ，幸いにして，彼はある時突然〈Longman Literacy Land Story Street〉（総語数0～5,200語）を最初から1冊残らず徹底的に読み始めた。Step 7～8に来たころ，難しそうだったため他のシリーズのやさしいのを勧めたが，とうとう Step 12まで123冊全て読みつくした。その後，なんと最初のPGR2レベルの本を再度読み，次にPGR3レベルに移っていった。その時のコメントは「なんだ，やさしい！」であった。知らないうちに英語力が伸び，大いに自信を付けたのである。

(関西大学)

エピソード ── ㉑

　大学の法学部で授業内多読を毎回10～15分行なったクラスと，授業内ではほとんど時間がとれず授業外で多読を行なったクラスの英語の伸びを EPER テストで測ったところ，授業内多読の時間をとったクラスの方が，伸びが大きかった。両クラスの読書本の相違は，授業内で読書をしたクラスでは絵本を読んだ学生が多く，授業外で多読を行なったクラスの方が，よりレベルの高い本を選択した学生が多かった。

(近畿大学)

　授業内多読で必要なことは，本人のレベルにあわない本（多くの場合，高いレベルの本）を読もうとする学習者をなるべく早く

見つけ出し，いかに多読初期にやさしい本を大量に読ませるかということです。もっとも，前述した大学生（エピソード⑳）のような場合は，プライドを傷つけないように，本人が気づいて納得するまで気長に待つ方が効果的な場合もあります。

　逆に，本人の英語力ではより高いレベルの本を読むことができるにもかかわらず，いつまでもやさしい本から抜け出そうとしないで非常に楽に読める本ばかり読み，それで満足する学生もわずかですがいます。本の内容に興味があり，それを楽しんで読んでいれば問題ないのですが，自分の興味の対象がわからずにただ漫然と目を通しているだけの学生も時々見られます（これも不思議と男子学生に多い）。このような学生は，本そのものに興味がない場合が多く，たまに英語のmanga（漫画）で目覚めることがあります。mangaは結構難しくて，内容を知らなければ読み進めるのが困難なものが多いのですが，そのような学生には，日本の人気マンガを英訳したmangaはいいきっかけになり，そこから多読に入っていくケースがよくあります。

(3) 集中力を養うことができる

　授業内多読では皆が一斉に読書を行なうため，集中力を養うことができます。10〜15分間多読の場合はストップウォッチで時間を計ると効果的です。ただ必死で読んでいる時にブザーがなって止めさせるのは非常に勇気が要るので，あと1〜2ページで読み終えそうな人が多い時は，少し延長してなるべく読み終わらせるようにしています。非常に集中している学生はブザーすら聞こえないこともあるのです。授業の最後に授業内多読（SSR）の時間を持ってきた場合は，授業終了後他の学生が教室を出て行っても，1冊終了するまで読み続ける学生が必ず2〜3名います。授業終了後のアンケート調査で多読に集中できたかどうかという質

問に対しては，SSR を行なったクラスは授業外でのみ読書を行なったクラス比べ，集中できなかったと答える学生の割合が非常に小さいのが特徴です。

集中力は SSR の時間の有無で大きく差が出ますが，英語への興味や英語力の差はあまり関係ないようです。英語が苦手な学生の集団である再履修のクラスでも，習熟度別クラスの最下位のクラスでも，授業内では非常に集中します。ところが逆に一番上のレベルの学生集団であっても，授業外で行なう多読にはあまり集中できないと回答した学生の割合が大きいのは，非常に興味深いことです。次の 4 つのエピソードは SSR の効果を示すものです。

エピソード ── ㉒

高校でも大学でも他校・他大学からの多読授業見学者が毎年数名ある。多読授業未経験者は一様に学生の読書態度に驚く。特に，誰もおしゃべりしていない，寝ていない，皆真剣に読書をしている，という 3 点が多い。「こんな授業法があったのか」「目からうろこ」という感想に始まり，「わー！あの学生たちが読んでる！」とか「目の前で見てもこの光景が信じられない！」というような感嘆のことばまで発せられる。ところが，一度でも多読授業を行なったことがある人からはこの種類の感想はほとんど聞かない。つまり，このような光景は，授業内多読を指導したことがある指導者にとっては見慣れたものなのである。

エピソード ── ㉓

高校での多読授業もそうであったが，大学でも可能な限り図書館内の一部屋を使用し，多読を行なうようにしている。

図書館では静粛にするのが当然のことであるが，大学生といえども教室変更は遠足気分になるらしい。特に英語が最も苦手な学生の集団は，たとえ図書館であれ好きな場所に気が合う仲間と座れば，この時とばかり勉強以外の様々な話題が飛び交う。授業開始のベルなど聞こえるはずがない。そこでよく図書館員から，声が外に漏れるから静かにするようにと注意を受ける。ところが多読図書を準備し，読書開始の合図とともにストップウォッチをスタートさせたとたん，全く水を打ったように静かになるのである。Jenny Henry が SSR に関して述べている one of "the most beautiful silences on earth"（Henry, 1995）が突如出現するのである。授業の途中で見回りに来る図書館員が，学生のあまりの変貌振りに狐につままれたような顔をしている。　　　　　　　（近畿大学）

エピソード ── ㉔

　高校で夏季集中講座への出席希望者を募ったところ，人気のある先生が担当ということで希望者が殺到した。人数が多すぎたため，希望者を模擬試験の成績で上下2つのクラスに分けた。上位層をその先生が担当し，私は下位半分を任された。そこで，10日間の集中講座の期間中，課題の文法指導を半分の時間に短縮して，残り45分間は多読を導入した。多読を始めると，例に漏れずこのクラスの生徒はひとり残らず全員読書に集中し，真剣に多読を行なった。多読は初めてだという生徒が多かったため，10日間の読書目標を Graded Readers の 0〜1 レベルの本20冊とした。ところが，なんとほぼ全員が10日間で目標の2倍の40冊を達成し，大いに満足していた。その後，夏季集中講座に出席した生徒の数人は，

2学期になっても私のところに個人的に指導を受けに来て多読を続けた。

　一方、上位の文法クラスはどうであったかといえば、そのクラスにいた生徒によると、授業中の私語が多く授業に集中できなかったそうである。　　　　　　　　　　　（梅花高校）

エピソード ── ㉕
　ある時高校生のクラスを自習にせざるを得なくなり、同僚の雀部伸枝氏に出欠調査を依頼した。彼女は教室の前に来ても全く生徒の声が聞こえなかったため、教室を間違えたかと思った。教室に入ってみたら、なんと生徒全員が真剣に本を読んでいたのである。そこで読書の邪魔にならないように、小さい声で出欠をとりそーっと教室を出たとの報告を受けた。
　　　　　　　　　　　　　　　　　　　　　　　（同上）

　以上の例でわかるように、多読初期の学習者にとってSSRは必要不可欠ですが、時間の管理、図書の選択等自立した読書ができ、読書が楽しい習慣となれば、SSRは全く必要なくなります。前述の数人の大学生（エピソード⑩、⑰参照）のように、1年で自立していく場合もあれば、授業が終われば、多読も終わるという学習者もいます。

　自立した読書ができる学習者を増やすには、英語学習の初期の時点から多読をスタートさせ、中学・高校の6年間で多読の習慣と英語である程度の読書力を付けてしまうことです。そうすれば、大学生は必要に応じて専門書、文献、実用書などを英語で読んだり、ベストセラーのペーパーバックなどを楽しんだりすることができるようになるでしょう。これが自立した読書なのです。

1-2 SSS（Start with Simple Stories）—最初はやさしい話から

　多読が成功するか失敗するかを決定する第2の要因は，多読用図書の選定にあります。私は，高校でも大学でも多読指導をする場合，まず学期の最初に平易な絵本を集中的に約100冊読ませ，その後各学習者の英語のレベルに合わせて，Graded Readers に移り，徐々にレベルを上げていく指導をしています。なぜ最初にそんなに大量のやさしい本を読ませる必要があるか，説明しましょう。

(1) やさしい本の効果
a) 自信がつきやる気が起こる

　第1章で紹介した種々の多読指南書（酒井，2002；酒井・神田，2005；古川・伊藤，2005）にも述べられている通り，多読初期にはなるべく平易な本を大量に読ませる必要があります。これは Krashen (1992) が *The Natural Approach* の中で提唱している affective filter を低くしてインプットしやすくするというのと同じ原理です。つまり，平易な英語で書かれた本を読ませることによって，学習者に，「これなら読める」という自信を付けさせ，やる気を起こさせることが，読書を持続させるためには大切なことなのです。

　最近は，これまでのゆとり教育のせいか少子化のせいか，中学で全く基礎を習得できないまま高校に入学してくる生徒が増えてきています。一方では小学校から英語をきちんと学んだり（お遊び程度の英語ではない），中学で十分学習してかなりの英語力を付けたりして入学してくる生徒もいます。このように生徒間の英語力の差はどんどん開いてきています。

　大学ではもっとひどく，実に様々なレベルの学生が様々な入試

形態を通り入学してきます。大学によってクラスが英語のレベル別編成になっているところもあれば、自由選択制で同じクラスに英語が得手不得手の学生が混在しているところもあります。後者の場合、その差は非常に大きい場合が多いのです。前述の再履修クラスの学生のように、中学2年から英語に躓き、それを引きずってきた学生（TOEIC200点代）や、TOEICで700〜800点を取れるような学生とが入り乱れています。

　そのようなクラスで授業を行なう場合、どのテキストを使用してもどのような教え方をしても、学生の満足度は低くなると考えられます。そこで多読を導入するのですが、英語が苦手な学生はもちろんのこと、TOEICで700〜800点取れるからといって本が読めるかというと、必ずしもそうではないのです。難関大学の入試をパスしてもTOEICで高得点を取っても、英語の本は読めない、英語を書けない、英語で話せない、など英語運用能力に対する自信など全くない学生が大半です。そこで、英語を日本語訳しないで楽に読めるようになるまで、最初は全員に平易な英語で書かれた本または絵本を英語力に応じて50〜100冊読んでもらいます。これが自分の英語力で楽に読めれば、たとえそれが子どもの本であれ、英語が非常に苦手な学習者でも自信が付いてくるのです。その自信をなくさせないように、徐々にレベルを上げていきます。実際に6つの大学の複数の学部でこの方法をとり、自信を取り戻す学生を毎年見てきました（Takase, 2008；高瀬, 2007a）。

b）基礎を固め英語力向上

　なぜやさしい英語をたくさん読む方が難しい本を読むよりも英語力が付くか、と疑問に思う人は多いと思います。それは足し算引き算が楽々できなければ（最近の大学生はこの点も弱い！）、高度な計算はなおさらできないのと全く同じです。やさしい本を

大量に読むということは，やさしい語彙や表現に繰り返し何度も触れるということであり，それによって基本的な語彙や表現が見ただけで自動的に頭に入ってくる，つまり処理の自動化が行なわれるようになるのです。「最も効果的な読解は低次の処理が最大限自動化されている場合に可能であり，…」（門田・野呂，2001，p.138）といわれるように，基本的な語彙やフレーズが自動的に理解できるようになれば，そこで使うエネルギーをより高度な処理に利用できるようになります。これに関する詳しい説明は門田・野呂（2001）を参照ください。

　前述したように，ジャパンタイムズ元編集局長の伊藤サム氏によると，英字新聞の記者でもまず最初にやさしい本をたくさん読むとのことです（伊藤，2003）。

> 　きわめてやさしい英文から始めてたくさんの分量を読みこなす多読メニュー。ジャパンタイムズの記者は1年に（本に換算して積み上げた高さで）1メートルぐらいの量を読んでいます。できる限りやさしい文章から読み始めたほうが，のちのちの上達が早いようです（p.125）。

　英語を仕事で使うプロでも最初はやさしい本をたくさん読む方がよいならば，まだ発展途上である学習者はなおさらやさしい本を読む必要があるのです。特に英語の基礎を作る小・中学校では，難しい教科書を1冊読むよりも，やさしい本を10冊読む方が，何倍もの英語力がつきます。まずは基礎固めを確実にして，徐々にレベルを上げていかなければ，砂上の楼閣になってしまいます。

　現在，大学生や社会人の多くが英語に対する苦手意識を持ち，6～8年も学校で英語を勉強したにもかかわらず大半の人が実際に英語を使えないという事実が，そのことを如実に物語っている

のです。現在の英語教育は基礎固めをしないまま,中1の後半から中2にかけて新しい文法事項のみをどんどん増やして,英語嫌いを量産しています。この方法を思い切って変えなければ,いつまでたっても使える英語の習得は難しいでしょう。

　文科省の指導要領がどうであれ,現場の教師は目の前の生徒を救わなければいけないのです。これ以上英語嫌いを出さないで,少しでも多くの学習者が英語を習得できる方法を考えていかなければなりません。とすれば現在考えられる最良の方法は,現在の英語教育に欠けている基礎固め（スポーツで言えばウォーミングアップ,筋トレ等）と実技を追加することです。いくら陸の上で泳ぎ方を習っても,実際に自分で水に入って泳いでみなければ絶対に泳げるようにはなりません。実際にバタ足から始めて徐々に泳げるようにするのと同じように,やさしい絵本を大量に読ませて（＝ビート板を使ったバタ足の訓練）基礎固めをします。十分に基礎ができたら徐々にレベルを上げていき,語数が多くて絵やイラストが少ない本に移行していくのです。無理強いすると水を嫌がり,怖がるようになる恐れがありますし,溺れてしまったらおしまいですね。

　基礎が十分にできていない人は難しい英語を苦労して読む前に,まずやさしい英語を大量にインプットして,基礎を固める方が効率よく着実にレベルアップができるということです。

エピソード ── ㉖

　スポーツ推薦で入学したため,英語の勉強が抜け落ちていた学生が,授業で使用する難解な指定テキストに全く歯が立たず,困り果ててやってきた。辞書を引いても意味がわからず,友達に訳してもらっても理解できず全くお手上げ状態であった。特別措置として絵本を読ませることにして,図書館

に連れて行き個人指導をした。〈Oxford Reading Tree (ORT)〉と〈Longman Literacy Land Story Street (LLL)〉の両シリーズを片っ端から読み始めたが，ORT4でもう躓いてしまった。そこで彼女は他のシリーズの絵本 (Leveled Readers) のレベル0や1を探し出し，図書館にある本で読めるものは全て読破した。その後は，毎週私の自宅から10〜20冊絵本を運び，夏休みにはダンボールで貸し出しした。5月〜9月初旬の4ヶ月で200〜300冊（学生が読書記録を紛失したため正確な数はわからない）やさしい絵本 (LR) を読んだ後，後期の授業に出てきた。後期の初日に，なんと，テキストが読めるようになったと本人自身がびっくりして報告してくれた。もちろん，辞書を引きながらであるが，それまでは辞書を引いても日本語に訳をしても理解できなかったのに，絵本200〜300冊読んだだけで難解なテキストが理解できるようになったとは，信じがたいが嬉しい事実である。後期は普通に授業を受けて自力で単位を取得した。

(関西大学)

c）実例

　高校生・大学生に多読指導をして英語力の伸びを測ってみると，例外はあるものの，同じくらいの読書量（読破語数）の学生を比べた場合，やさしい本を多く読んだ学生の方がレベルの高い本を少し読んだ学生よりもよく伸びたという結果が出ています。特に伸びが著しいのは，やさしい本から順番に少しずつレベルを上げながら読んでいく学習者です。あれこれバラバラに読む人よりも，同じシリーズの同じレベルの本をまとめて読み，着実にレベルを上げていく学習者の伸びは素晴らしく，目を見張るものがありま

す。次の3つの表はある大学の1回生，2回生各2クラスの1年間の読書状況と EPER テストの結果です（高瀬，2008b）。

1A，1Bクラスの平均読了語数はそれぞれ約10万語，19万語で，読書冊数は150冊以上（1冊の平均語数は約700語と1,200語）でした。事後の EPER テストは伸びに有意差が出ています。2A，2Bクラスの読了語数は両方ともほぼ同じ（5.5，5.6万語）

表3　多読指導前・後の EPER テストの記述統計

クラス	人数	前（最低-最高）	SD	後（最低-最高）	SD
1A	36	16.3（ 7-27）	4.10	20.4（11-35）	5.15
1B	36	25.4（13-51）	7.22	30.0（17-47）	6.88
2A	24	22.5（14-32）	5.06	24.7（10-43）	7.16
2B	24	24.8（11-37）	5.84	27.1（14-43）	7.37

表4　事前事後 EPER テスト t-検定結果

クラス	人数	平均	SD	t	df	Sig
1A	36	4.08	4.40	5.57	35	.000**
1B	36	4.56	5.07	5.39	35	.000**
2A	24	2.21	5.82	1.86	23	.076
2B	24	2.29	4.43	2.54	23	.018*

注）＊＊ $p<.001$，＊ $p<.05$

表5　多読実施期間中の読書量

クラス	人数	平均冊数	最少	最大	平均語数	最少	最大
1A	36	151.7	31	376	102,155	31,647	482,699
1B	36	158.6	71	391	188,117	59,729	394,391
2A	24	21.9	4	42	55,373	4,280	151,765
2B	24	56.1	7	203	56,539	9,931	146,456

（表3，4，5は高瀬2008b の表を一部変更したものである）

ですが，読書冊数は2Bが2Aの2.6倍，1冊平均語数は2A：2,528語，2B：1,008語です。やさしい本を多く読んだ2Aクラスは事後テストで有意な伸びを示したのですが，最初から自己の英語レベルより高い本を読んだ2Bクラスの伸びに有意差は見られませんでした。

　ちなみに，私は高校と一部の大学生で英語力の伸びを測るのに，SLEPテストを使用しました。SLEPテスト（Secondary Level English Proficiency Testの略）はTOEFLの高校生版といわれ，高校生の交換留学生を選考するテストにも用いられています。大学生はエジンバラ大学が開発したEPER（Edinburgh Project on Extensive Reading）のクローズテスト（cloze test：文章中に等間隔に設けられた空所に，受験者が前後の文章及び内容から推測して，適語を挿入するテスト）を使っています。空所に入る語彙にはさまざまな品詞があるため，文全体の内容理解のみならず，文法・構文の理解度も問われます。主に高校生を対象としたTOEIC形式の試験の一つであるACEを中学生対象に使う人もいます（p. 46参照）。

エピソード ── ㉗

　ある高校の英語が苦手なBクラスでは大半の生徒が1年間やさしい絵本を読み続けた（1人平均絵本：226冊，GR0：20冊，GR1：21冊，GR2：1冊。読了語数：約12万語）。一方英語のレベルが比較的高かったAクラスでは，絵本を少し読んだ後Graded Readersに移行した（1人平均絵本：12冊，GR0：18冊，GR1：22冊，GR2：12冊，GR3～4：1冊：読了語数15万語）（表6）。平均の読書量はGraded Readersを読んだAクラスの方が多かった（表7）。事前のSLEPテストではBクラスよりAクラスの方が得点

が高かったが，読書後のテストでは，やさしい絵本をたくさん読んだBクラスがAクラスを追い抜いた（表8，図3）。この結果に統計的有意差は無かったが，有意に近い結果が出た。　　　　　　　　　　　　　　　　　　　　(Takase, 2007d)

表6　レベル別1人平均読書冊数

	Aクラス	Bクラス
Leveled Readers (ORT, LLL, ICR, SIR, etc.)	11.8	225.9
GR (200-250)	17.8	20.4
GR (300-400)	22.1	20.8
GR (600-800)	21.0	0.8
GR (1000-1200)	1.3	0.2
TOTAL	66.0	268.1

表7　一人平均読書語数

	Aクラス	Bクラス
平均	149,315	120,737
最少	29,836	24,497
最多	491,261	312,917

表8　Pre- & Post SLEP テスト結果

	Aクラス pre-	Bクラス pre-	Aクラス post	Bクラス post
平均	32.4	31.8	39.3	39.6
最低	18	17	28	30
最多	41	44	51	53

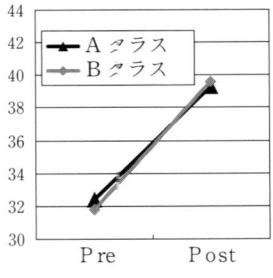

図3　Pre- & Post SLEP テスト A, Bクラス平均の伸び

1-3　SST（Short Subsequent Tasks）—最少の読書後課題

　多読後の課題に関しては，行なったほうがよいか何もしないで読ませるだけの方がよいか賛否両論あります。

　前者の考えでは，授業外で実際に読んだかどうかを確かめるために，内容に関する質問（小テスト）をしたりサマリーを書かせたりするほうがよいという考えです。自分が読んだ本について教室で友達に話したり，プレゼンテーションしたりする場合もあります。Bamford & Day（2004）には色々な読書後のタスクが紹介されています。

　後者は，テストを行なったり要約を書かせたりすると，今までの授業とあまり変わらなくなり，読書の楽しみを削ぐことになる恐れがあるため何もしない方がよい，という考えです。なんと言っても，多読は続けなければ意味がないので，やる気が削がれるようなことはしたくないのです。

　ここでは，私がこれまでに行なった読書後の課題と，現在主に大学の多読授業で利用されている方法を紹介しましょう。

(1)　読書後の要約

　実は，私がクラス単位で多読指導を始めた1998年は多読を授業外での課題としていました。授業中はテキスト *Reading Power* を使用し，リーディング・スキル習得を目的とした授業を行なっていました。多読に関しては，授業の最後に本の貸し出しや情報交換を行なうだけでした。そこで，読書の確認のため読書後に本の要約を英語で書かせ，要約ノートを提出させていました。

　その高校の生徒は皆真面目で，何とか時間をやりくりして1冊でも2冊でも多くの本を読もうと努力し，要約も毎回（週2回）提出していました。中には時間がなくて読めなかったと正直に報

告する生徒もいました。そこで私も出勤日は夕方遅くまで生徒の英語での要約を読んでいました。全体をさっと読みサインをするだけにしておけばよかったのに，教師の習性でいつの間にか赤ペンを持ち一人ひとりの英文を添削していました。すると次のような面白い要約にいくつか出会ったのです。

- 全く同じ英語の間違いをした同じ要約
- 幼稚な英文と素晴らしい文が混在した要約
- プロのわざと思えるほどの上手な要約
- 本の中では省略してあるところまで含んだ要約

生徒たちは要約提出のために必死であの手この手の努力をしていたのです。そこで読書後の要約に関して生徒のアンケートをとってみると，およそ半数が要約反対で，主に次のようなプラス・マイナスの回答がありました。

〈要約賛成派の意見〉
① 要約を書くのは楽しかった。書きながらもう一度本を読み直した。
② サマリーを書こうとすると内容を忘れていることがあるので，たいてい同じ本を3回読んだ。
③ 本を読み終えたときは英語が頭に残っているので，英語で要約を書くことは楽だった。
④ 英語で要約を書くことは英作文の勉強になった。

①，②のように同じ本を複数回読むことは，それがやさしい本であっても英語習得の点からはプラスになります。特に当時はやさしい本がまだ少なくて，生徒は Graded Readers のレベル1か

ら読み始めたので、2回3回と読んで要約を書くだけの理解が深まったのはよいことでした。④のように読書後に英語が残っているのを書き留めると言うのも、語彙・文章を定着させる意味で効果的なことです。

〈要約反対派の意見〉
① 英語で要約を書くのはとても難しい。要約が課題でなかったらもっと本を読めていた。
② 要約をするのに時間がかかり、本を読む時間がなくなる。
③ 要約をするのは時間の無駄。要約といっても単に本の中の文章をいくつか適当に抜いて書いただけ。
④ 要約は大嫌い！でももし要約の宿題がなかったら、こんなに本を読まなかったかもしれない。
⑤ 要約の課題があったから本を読んだけど、これがなかったら読まなかったかも。
⑥ 要約を書く回数をなるべく減らすために長い本を選んだがどれも難しくて読むのに時間がかかり、楽しくなかった。

①、②は要約が足枷になって読書量が減った例です。クラスで聞いてみると、中には読書時間よりも要約を書くのに多くの時間がかかっている生徒もいました。④と⑤は要約が外的動機付けになって読書を行なったケースですが、これでは読書を楽しむことができないので、読書は持続しません。⑥は多読の目的と全く逆のマイナスの効果を要約が生み出しています。つまり、「読書の楽しさを実感させ、英語を好きにならせ、ひいては英語力向上を目指す」、という本来の目的に全く反しています。

読書後の要約は何らかの形で生徒の英語力にプラスに働くはずだと考えていた私は、要約の課題を始めた当初は何の疑問も持た

ずに行なっていました。ところがたとえ一部の生徒であれ，要約が多読本来の目的に対してゼロまたはマイナスに働いているということがわかったので，これは問題でした。そこで思い切って要約を自由課題にすることにしました。全面廃止でになく自由にした理由は，前述したように要約がプラスに作用していたケースがあったからです。

その後は，要約を書かない生徒は，図4のような読書記録用紙に要約の代わりとなる短いコメントを記入させ負担を軽減し，要約を書く時間を読書にあてるよう指示しました。そうすると徐々に要約を書く生徒は減っていき（ゼロにはならなかった），コメント派が増えてきました。結果として，やさしい本を読む生徒が増え，前年度よりも読書量が増えたことは言うまでもありません。

現在私は，学期末にその学期中に読んだ本の中で一番印象に残った本に関して要約，印象に残った点，感想等をまとめ提出させています。各学期に1回なので，皆張り切って書いてきます。

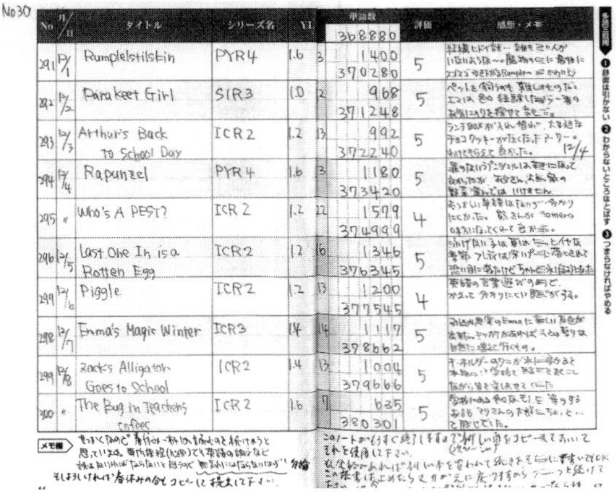

図4　学生から提出された読書記録の例

どれも読み方が深く，興味深い感想，意外な読み方，思いがけない本の選択，素晴らしいレポート等がたくさんあり，毎回楽しみながら読んでいます。

(2) プレゼンテーション

　クラスサイズがあまり大きくない場合は（30人以下），上記の学期末の要約の代わりに，お気に入りの本をクラスの皆に推薦するプレゼンテーションを実施しています。その本のあらすじを簡単に紹介し，推薦する理由を英語で発表します。プレゼンテーションはレポートと違いあまり慣れていないため，時間の余裕があるときに時々練習をします。1週間に読んだ本で面白かったのを隣同士で紹介するのですが，あくまでも読書時間をあまり削らないことが原則です。

(3) **読書後の理解度テスト**

　最近 M-Reader（http://mreader.org）を使用し，読書後の理解度テストをコンピューターで学生に受けさせる方法が行なわれています。これは授業外で多読を行なうため，実際にきちんと本を読んで理解したかどうか調べるのを目的として開発されたものです。方法は違っても，目的は(1)の要約と同じようなものだと考えられます。

　M-Reader は，京都産業大学の Tom Robb 氏が考案し，主として Graded Readers のテキストを中心に問題作成を行い，大学を中心に広まってきました。多読がカリキュラムに組み込まれ全学で行われる場合，学習者の人数が非常に多くなるため，指導者は多読の経験や多読への興味がなくても多読指導を課せられることになります。そのような場合は一定の統一基準が必要となりますので，M-Reader は便利でしょう。

開成中学のDaniel Stewart氏は彼の中学生対象に内容把握の問題を大量に作成し，実施しています。

　元関西学院大学のPeter Goldberg氏が考案・作成したXReading（http://xreading.com）はe-bookを読んだり聴いたりした後に問題を解くようになっているため，図書が入手困難な時，特に夏休みなどの長期休暇中にはとても重宝します。但し，これはe-bookを使用するため有料です。

2　多聴指導に不可欠な三大ポイント

　多聴指導のポイントも，基本は多読指導と同様ですが，さらに多読と同時に多聴を導入することが多読・多聴両方の効果を高めます。

> (1) **SIL (Sustained Individual Listening)**
> 　　授業内での多聴
> (2) **SSS (Start with Simple Stories)**
> 　　最初は聴きやすい話から
> (3) **SER (Start with Extensive Reading)**
> 　　多読と同時導入

　多聴の場合は多読よりも導入準備に時間・教材購入の予算もかかるため，まだ多読ほど普及はしていません。しかし，第一言語を学ぶ場合にはまず耳からの音声でことばを学び，徐々に文字を学習していく過程を考えると，たとえ第二言語や外国語であっても音声を先にまたは文字と同時にインプットするのが全く自然で効率的な方法でしょう。

　多聴を授業で行なう場合いろいろと制約はありますが，ここで

は，授業内多聴，聴きやすい音声からスタート，多読初期から同時導入について説明していきます。次に，現在あちこちの教室で行われている「読み聞かせ」，「Storytelling」，「シャドーイング」を紹介しましょう。

2-1 SIL (Sustained Individual Listening)―授業内多聴

　多聴指導を行なうにあたり最も大切なことは，多読同様，学習者に聴く時間を確保し，教師が多聴状況をモニターできるように，教室内（可能であればCALL教室）で行なうことです。

　最近はMP3プレーヤーを持っている学習者が多く，CD付きの本を貸し出しすると，自分で録音して通学途中に聴く学習者もいます。しかし，実際には授業外で多聴を行う学習者は授業外多読を行う学習者よりさらに少ないのです。多聴を英語科全体で導入している東海大学の調査によると，86%の学生が英語のCDを聴くのは役に立つと回答しているにもかかわらず，実際に授業外で聴く時間は1週間に0〜10分（43%），11〜20分（25%）でした（Ware, 2009）。中には授業中よりも長い時間聴いている学生もいるようですが，ほんのわずかでした。

　私の大学のクラスでは，実際に全員がMP3プレーヤーやCDプレーヤーを持っているわけではなく，CD付きの本を貸し出してもそれを利用する手段がない学生もいます。CDプレーヤーが使用できる場合でも，多読以上に物理的・時間的な制約があり，多読ほど手軽にできないため，本だけ読んでCDを聴かない場合もあります。また，本を読むよりも手間がかかるため，面倒くさがりで怠けがちな学習者はなかなか音声にまで手を出しません。なかには，読むスピードが速くなり，CDの音声がまどろっこしくなって聴きたがらない学習者もいます。

このような様々な理由から，学習者に多聴を行なわせようと思えば授業内での実施が多読以上に必要になってきます。授業内に多聴の時間を設ければ，授業内多読同様，学習者の多聴時間を確保でき，多聴状況を観察でき，学習者の集中力を養うことができるのです。また，多読図書選択よりも音声選択の方が困難なため（試聴しなければレベルがわからない），選択を誤った場合直ぐに取り替えがきくという環境も大切な要素になります。多読用図書は借り出し時にある程度試し読みもできますが，貸し出し時にCDを試聴させてくれる図書館はあまりないでしょう。その点，授業内で多聴の時間があれば，選択を間違えたCDをすぐに交換できます。

2-2　SSS（Start with Simple Stories）―最初は聴きやすい話から

　多聴の場合も多読同様最初はやさしい本から始めますが，テキストなしで聴く場合は，多読のレベルよりさらに2段階下げた非常にやさしい英語で，しかも慣れるまでは音声の速度が少し遅い教材を使用する必要があります。大半の日本人学習者は，英語学習初期の中学時代に耳からのインプットが十分になされず耳が鍛えられていないため，読めば楽に理解できる内容であっても，聴いたらさっぱりわからないという場合がよくあります。多読同様，やさしい英語をたくさん聴き，慣れてきたら徐々にレベルとスピードを上げていきます。リスニング力はリーディング力以上に個人差が大きいため，どの程度でレベルを上げていくかは一概には言えません。学習者本人が楽に聴けると感じることがレベルアップの目安です。

　高校で多聴を実施する場合は，中学でどのような英語教育を受けたかで大いに違いが出てきます。私が教えた高校生の場合，中

学からそのまま高校に内部進学してきた生徒は中学時代からアメリカ人の先生の英語に慣れていたため，読む英語のレベルと聴く英語のレベルがほとんど変わりませんでした。ところが，公立中学から高校に入学してきた生徒は耳からのインプットに慣れていなくて，読める英語でも聴けない場合が多く，苦労していました。当然，声に出して読むことはそれ以上に大変でした。

　中学だけでなく高校でも耳を鍛える機会がなかった場合は，リーディング力とリスニング力の差は非常に大きくもっと大変です。大学生の様々なレベルのクラスで調査したのですが，読めば90〜100％理解できる平易な英語で書いてある内容であっても，耳だけで聴けば20〜40％ぐらいしか理解できないという学生が半数近くいました。センター試験にリスニングが導入されたにもかかわらず状況があまり変わっていないということは，やはり試験対策だけのリスニング訓練では本質的なものが不足するということでしょう。この点は今後の研究課題です。

　多読と違う点は，音声を聴いて難しいと思ったら，その教材を選択する学生は，ほとんどいないことです。つまり自分のリスニング力以上の音声教材は誰も選ばないのです。多読の場合は自分のレベル以上の本を平気で選択する学習者が少なからずいるのですが，聴くほうは少しでも難易度が高いと感じたら全く耳が受け付けないようです。

　リスニング力はリーディング力以上に個人差があるため，一斉にやるよりは個人個人の力をみて，学習者のリスニング力に合った教材を用いて多聴を行なう必要があります。小学校英語が本格化すれば，その差はいよいよ開く恐れがあり，そうなると中学でも従来どおりの一斉授業はいよいよ困難になるでしょう。

　英語の音声のスピードやレベルを知るには，コスモピア社「多聴・多読ステーション」（http://www.kikuyomu.com/）が便利

です。

2-3 SER（Start with Extensive Reading）―多読と同時導入

　第3のポイントは多聴の効果が最も発揮され，さらに多読の効果も促進される方法です。それは多読導入と同時に，あるいは多読より一歩早く多聴を導入することです。

　前述のように，一番効果的なのは中1（または小学校）の英語学習導入時から必ず音声を聴きながら読ませる「聴き読み」です。やさしい英語で書かれた短めの絵本で，スピードがあまり遅くなくてなるべく自然に近い速さものを選び，文字を見ながら聴きます。自然な会話や童話・物語をたくさん聴けば，音の省略・繋がり・強弱や英語独特のリズム・ストレス・イントネーションなど自然に慣れていきます。英語学習初期の段階から英語の自然な音をたくさん聴きながら本を読んでいけば，文字と音の関係がつかめるようになり，リスニング力はもちろんのこと，多読の進みも早くなり，より学習効果が上がってきます。

　英語の規則的な音に慣れるためにはフォニックスを取り入れたお話の本もお勧めです（〈Clifford Phonics Fun〉など。p. 139参照）。英語圏の子ども用に作られたCD付き絵本は，録音された英語が活き活きしており効果音も楽しく，少々語彙がわからなくても楽しめます。

2-4　その他の多聴方法

　音声導入は必ずしもCDプレーヤーやMP3プレーヤーなどを使用しなくても，次に述べる「読み聞かせ」や「Storytelling」などの方法があります。また，リスニング力・スピーキング力を

鍛えるための「シャドーイング」についても簡単に紹介しましょう。多聴とは，どのような方法であれとにかく，耳からのインプットを大量に行なうという意味であり，時と場合に応じてさまざまな方法を自在に活用すればいいのです。

(1) 読み聞かせ

　読み聞かせとは，文字どおり，学習者に英語の本（絵本が多い）を読んで聞かせることです。以前から中学1〜2年対象に絵本の読み聞かせをする先生がいましたが，どちらかと言えばネイティヴスピーカーに多いようです。最近では〈Oxford Reading Tree〉などの大型絵本の出現に伴い，小学生や中学生に多読用絵本などを使って読み聞かせを行う先生が徐々に増えてきています。

　英語導入期の小学生や中学1〜2年時は，音と文字の一致がうまくできなくて文章をスムーズに読み進めることが困難な生徒が多いと思われます。そのような場合，一番簡単に導入できて生徒にも人気があるのが読み聞かせです。小中学生は読み手の表情を見，一喜一憂しながら真剣にお話を聴いています。読み手は相手の反応を見ながら，速度や調子を変えられるので，CDやMP3などよりも小中学生には良いかもしれません。肉声で話を聞くと，語り手と聞き手の間でコミュニケーションが生まれ，CDやテレビを通して音声を聴くよりぬくもりを感じるのでしょう。目の前で本を読んでもらい，その人の肉声で聴くのを好む学習者は意外に多いのです。

　読み聞かせは小中学生のみならず，高校生・大学生にも意外と人気があります。私は以前にラボ教育センターのチューターをしていた頃，児童から高校生までを対象とした英語クラスで授業の最後に毎回絵本の読み聞かせをしていました。"Story time!"と

言うと児童クラスでも中・高生クラスでも皆我先にと回りに集まってきて，真剣な顔をして話に聴き入っていました。

　以前に高校生の調査をしたのですが，クラスのほとんどの生徒が子どもの時に親から，または幼稚園・小学校の先生から読み聞かせをしてもらった経験を持っていました。読んでもらうことに懐かしく温かい気持ち抱くようで高校生の読書後のコメントに，「今日は先生から本を読んでもらった。ラッキー！」と書いたものがありました。英語を全く読めないといった大学生に数ページ読みきかせをしたこともあります。元同僚は，クラスの中に英語がほとんど読めない学生が数名いて読み聞かせをせがむため，その学生たちのそばで順番に小さい声で読んで聞かせたそうです。

　読み聞かせは通常，クラス全体で行なう場合が多いので，個人の好みやリスニング力などは考慮できません。ただ読む人が速度を調節したり説明を加えたりすることは臨機応変にできるので，ある程度はさまざまなレベルの学習者に対応できます。クラスの人数が多い時は教材提示機などを利用して，スクリーンにページを映し出して見せるようにすれば効果的です。多聴の導入時やCD教材などが手に入らない場合に手軽に利用できて便利なものです。

エピソード ── ㉘

　以前の同僚の雀部伸枝氏がORTの大型絵本を使い中学1年生に読み聞かせをしていた。生徒は毎週定期的に1冊読んでもらうのをとても楽しみにしていた。ところが，レベルが上がり話が長くなってくると，絵本に時間を取られ教科書が予定どおり進まなくなる。そこで教科書を優先したところ，生徒は「先生，今日は本ないの？」とがっかり。そのうちに数人が図書館にORTのシリーズがあるのを見つけて，自発

的に読み始めた。ところが中1では読めないところがあるため，たまたま放課後私が図書館で仕事をしていたので，続きを毎週読んで聞かせた。教室での読み聞かせが生徒の多読への動機付けになったのである。　　　　（梅花中学・高等学校）

(2) Storytelling

これは読み聞かせではなく語り聞かせです。つまり，本を用いないで教師が物語を全部覚えておいて，英語で語る方法です。簡単な物語から複雑で長い話を英語で話し，途中で習得目標である語彙の説明を英語で加えながら，リスニングによる内容理解と語彙習得を目指すやり方で，リスニング力が向上し語彙の定着率がよいという報告がなされています（Mason & Krashen, 2004；Mason, 2005）。これは教える側が話を全て頭の中に入れて学習者に語りかけるので，指導者の力量が問われます。四天王寺大学のMason紅子氏はその第一人者で，Storytellingに関して次のように述べています。

> 語り聞かせは言語教育の原点です。読書（多読）をするためには単語力が必要です。単語をリストで覚えるのではなく，語り聞かせで単語にふれると，多くの単語が習得できます。短期間で初級から中級レベルにまで伸ばすために，また，読書への導入を目的として，「民話／童話」を，「読み聞かせる」のではなく，「語り聞かせ」を実践しています。一つの話は長くなると1時間以上になることがあります。中高生以上を対象としたレッスンでも，1時間近く英語で語って聞かせます。単語リストも1話につき100近くになることがあります。　　　　　　　　　（本人からのEメールを許可を得て転載）

以前にMason氏の語り聞かせを見学したことがありますが，私が聴いても面白く，相手の反応を見ながら語彙の説明に変化をつけたり，黒板に絵を書いて説明したり，聞き手を飽きさせない方法でした。まず習得目標の単語リストを配布し，学習者が各自で知っている単語の意味を書きます（pre-test）。それから物語を始めるのですが，途中で習得目標の語彙が出てくると，そのつど黒板に絵を描いたりやさしい英語の表現になおしたりしながら説明し，インプットを分かりやすくします。学習者は話の前後関係を含めてその語彙を理解するので，それが記憶に繋がり，単なる日本語訳で機械的に暗記するに比べて語彙理解が深く記憶にも強く残ります。最後に再度習得目標語彙リストに意味を書きこみます（post test）。それから数週間後に再度同じ単語リストでテストを受けます（delayed post test）。語彙習得に関していえば，単語を丸暗記する方法よりも明らかに定着率が良いという彼女の研究結果が納得できるものでした。

⑶　シャドーイング

　シャドーイングが最近急速に注目を浴びてきましたが，これはもともとは通訳の訓練に使われたもので，それを英語教育にも利用したものです。シャドウとは影という意味なので，テキストを見ずに，音声を聴きながら影（シャドウ）のようにくっついて即座に模倣して発声する練習法です。一般にシャドーイングという場合は，パラレル・リーディング（テキストを見ながらモデルと同時に読む）も含めて広義に使っています。現在大学生対象にあちこちでシャドーイングが行なわれ，その理論，効果も色々と研究され発表されております（門田，2007；玉井，2003など）。

　多読・多聴が主の授業ではなかったのですが，私が行なったもので一番効果が上がった方法を紹介しましょう。2002〜2003年に

大阪国際大学のLL教室で行なったリスニングの授業でのシャドーイングです。そこでは1年の最初と最後にSLEPテストを行ない，リスニングとリーディング力の伸びを測っていました。当時のLL教室はカセットを使ったものでしたので，毎時間テキストの50〜60語ぐらいの文章でパラレル・リーディングとシャドーイングを行ない，その結果をカセットテープに録音させ，自己チェックを行なわせました。これを半期で約10回行ない，各学期の最後には自己チェックの結果と，カセットテープを提出させて，そのチェック能力を採点するというものでした。学生のテープを聴いてみると前期の最後，後期の最後と学生の音が素晴らしくなっており私は採点しながら大感激していました。その話を聞いた同僚が「私もそんなに感激するような授業してみたいわー」と言うほどでした。

　対応のあるt検定でリスニングとリーディングの伸びを調べた結果，事後のSLEPテストのリスニングの伸びに有意差が出たのは勿論のこと（$t=6.38$，$p<0.001$），全く行なわなかったリーディングでもテストの伸びに有意差が出ました（$t=2.52$，$p<0.05$）。中にはリスニングのテストが2倍以上にあがった学生もいました。

　一方，高校では週2時間のリーディングのクラスを1時間利用してシャドーイングの練習を行ないました。ところが，授業時間が大学の半分しかなかったため自己チェックの時間がほとんどとれませんでした。テストでも自己チェックの時間はとれず，パラレル・リーディングとシャドーイング両方をカセットテープに録音させて，私がチェックする方法をとりました。こちらでは面白いことにパラレル・リーディングよりもシャドーイングの方が素晴らしい音を出している生徒が何人もいました。上記の大学と同じ事前・事後のSLEPテストを実施し，対応のあるt検定を行

ない伸びを調べたところ，リーディングでは有意差が出たのですが（$t=3.96$, $p<0.001$），リスニングでは多くの生徒に伸びが見られたものの有意差は出ませんでした。

この両者の違いの原因は色々考えられますが，そのひとつは，やはり自己チェックの有無が大きかったのだと思います。自分で真剣に間違いを探すため，耳が鍛えられてリスニングの効果がさらに上がったのでしょう。

〈まとめ〉

第3章では多読・多聴実践における最重要3点について述べました。つまり，授業内で多読・多聴の時間を設ける，やさしい本から／聴きやすい音声から始める，多読後の課題は最少限にとどめ，多聴は多読と同時に導入する，ということです。また，教室でできる読み聞かせ，Storytelling，シャドーイングの方法を簡単に述べました。次の第4章では具体的な多読・多聴導入方法を述べます。

4 多読・多聴導入方法

　第4章では，多読・多聴を導入する際に生じる様々な問題点とその解決法を，カリキュラムとの兼ね合い，多読・多聴を行なう場所，時間帯等を中心に述べ，最後に指導者の役割について説明します。

1 英語カリキュラムとの兼ね合い

　中学・高校の英語の授業で多読を導入する際に一番問題になるのは，現在の英語カリキュラムが盛りだくさんで，これ以上新しいことを入れる余裕がないということでしょう。京都教育大学附属高校の先生を中心とする研究グループ（Kyoto Reading Project チーム）が1997年に関西を中心とするの61校294名の中高の先生対象に行なったアンケートで，多読導入を阻む理由として挙げられたのは「時間的余裕がない」，「生徒の英語力がない」，ついで「やり方がわからない」，「効果がわからない」ということでした。また共通カリキュラムのもとで自分のクラスのみ多読を行なえば，共通テストのための準備が間に合わず，成績に影響する心配があるようです。大学でも共通テキストが義務付けられ進度も決まっている場合は多読を導入しにくいという声をよく聞きます。

　私が2005～2006年に関東と関西のセミナーで行なった教師対象のアンケート調査でも，多読導入を躊躇する2番目に大きい理由

として「授業に多読を導入する時間的余裕がない」いう回答が58.3％の人から寄せられました（ちなみに第1の理由は「図書購入の予算がない」）。ところが実際に導入した先生たちからのこの項目に対する回答は8.7％しかありませんでした（Takase, 2007b）。つまり，実際に導入してみると，生徒の反応がよく多読の効果が大きいことから多読を継続するための工夫がなされ，時間不足は解消されていると考えられます。

　まずは思い切ってこれから提案するような方法で多読を導入してみてください。その結果少々時間不足になってもあせることはありません。たとえ一時的に他のクラスにテストで遅れを取ることがあっても，英語のインプットは多読によって通常の10倍から100倍（中1の場合はそれ以上）となるため，英語の基礎が固まりその後がスムーズに伸びていきます。その結果，1年の最後には多読を導入しなかったクラスの英語力を大幅に上回るようになります。武庫川女子大学附属中学校にそのよい列があります（p. 186参照）。

2　多読実施の時間帯

　では，実際にどのように多読を導入していけばいいのか，まず時間帯から説明します（多聴の導入については p. 116から別途述べます）。中学校や高校で多読を導入する場合は次のような時間が考えられます。（大学の場合は(1)と(2)のみです。）

(1)　**授業時間中**：1回の授業まるまる読書（英語の授業時間が週に数回あれば，そのうち1回を多読授業とする）
(2)　**授業時間中**：10分間読書（英語の授業時間に毎回，最初か最後の10分を多読にあてる）

(3) ホームルーム中：毎日10分間読書（朝または帰りのホームルームで毎日10分間の多読を行なう）
(4) 昼休み：自主的多読を奨励

2-1 授業時間中（週に１時間，担当者を決めて多読）

　週に複数回英語の授業があれば，そのうちの１回を多読にあてます。その場合，そのクラス担当の先生が多読指導をする方法（例：武庫川女子大学附属中学校，p.186参照）と，各学年で多読指導の担当者を決めてその先生が専門的に全クラスの多読指導をする方法とがあります。後者の場合は，校内で多読授業がダブることがなく，本不足の解消にもなります。２クラスが同時に多読授業を行なえば，図書が２倍必要になりますから，この専任方式で図書を回せば，上記の「図書購入の予算がない」という問題解決の一端となるため一石二鳥ですね。

　ここでは京都の立命館中学校のAnn Flanagan氏が行なっていた専任方式を紹介しましょう。彼女は多読責任者として，ティーム・ティーチングのクラスを利用し中１から中３までのクラスで，週２回10～20分の多読指導（SSR）を行なっていました（丸々１時間ではない）。図書は図書館から借り出した本を５冊セットにして袋に入れ，中１と中２にはその場で読ませ，回収して次のクラスで使用します。本のレベルが上がってくれば読む時間もかかるため，その場合はSSR時間内に読む本は１～２冊になりますが，図書館から他の本を借りて授業外に読む生徒もいます。中３は基本的に図書館の本を借りてきて授業に出席します。読む本のレベルが上がってくるため，（〈Penguin Readers〉２や３を読む生徒がいる），授業中のSSR時間内では１冊終了しない場合が多く，当然授業外でも読みます。

このように，多読を専門にする担当者がいて，1時間全部でなくても全てのクラスでSSRを行なえば，多読を行なうクラスの教師が授業の進度が遅れると頭を悩ますこともなく，多読を行なうクラスと行なわないクラスの生徒間に不公平感が出ることもありません。実際に，多読が行なわれていないクラスの生徒からの不満の声は，中高生だけでなく大学生からもよく耳にします。

　第3章でも述べましたが，授業時間中に多読を行なえば次のような利点があります。

〈長所〉

a) 読書時間が確保できる

　読書の習慣がない生徒にとって，多読の宿題は苦しみ以外の何物でもないようです。忙しい生活の中でたとえ10分でも読書をしようと試みるのは，本来読書が好きな人だけでしょう。クラブ活動・塾・習い事・携帯でのおしゃべり等で忙しい中高生やサークル活動・アルバイト等で大忙しの大学生の大半は，時間を与えられなければほとんど多読をしません。たとえ本を読むとしても，宿題だから，課題だからと仕方なく字を目で追っている学習者が多いのが現状です。そのような義務的な苦しみの読書で吸収するものはわずかです。そこで，学習者に読書の時間を提供すれば，自然と本と向き合うようになり，読書の楽しみがわかるようになってきます。読書は楽しくなければ持続できませんし，義務的にいやいや行なう多読では英語力の向上はあまり期待できません。

b) 現場での読書状況観察と指導が可能になる

　学習者にとって目新しい学習法である多読を成功させるには，教師の指導は不可欠です。特に多読が定着するまではその場で毎回指導するのが効果的です。ただ読ませるだけでに，成功率は低

くなります。クラス全員の読書状況を観察するには、どうしてもある程度以上の時間が必要となります。（本章7「指導者の役割」参照）

ｃ）集中力持続時間が長くなる

　最近では大学生でも20分間も授業に集中できない学生が増えてきています。こういう学習者に、いきなり1時間なり90分なりの多読を課すのは無理があります。多読では最初10分、20分から始めて毎回読書時間を少しずつ伸ばしていけば、自然に1時間あるいは90分集中できるようになります。大学生になると個人差が大きくなり、最初から90分集中できる学生と、20～30分が限度という学生が混じっています。ところが次のエピソードのように、最初はなかなか読書に集中できない学生でも、授業中に読書を続け、慣れてくると80～90分集中して読書ができるようになるのです。

> **エピソード ── ㉙**
> 　英語が「超」苦手であるという学生が集まった再履修クラスで、図書館で90分多読を行なった。集中力に大きな個人差があり、最初から80分（残りの10分はまとめと本の片付け）集中できる学生と15～20分ぐらいできょろきょろし始める学生がいた。ところが学期の後半になるときょろきょろ学生が減ってきて、学期終了近く（6月末～7月初）には、ほとんどの学生が80分間集中できるようになった。多読授業終了後のアンケートで読書に集中できなかったと回答した学生は、5.6％のみであった。ところが、授業外で読書を行なったクラス（TOEICクラス平均が最高点）では、読書に集中できなかったとの回答がなんと25％もあった。　　（Takase, 2008）

　高校で指導していた頃は図書館で多読を行なっていたため、最

初から40〜45分を全部読書時間にあてました。多読初期は〈Oxford Reading Tree（ORT）〉や〈Longman Literacy Land（LLL）〉（第5章2-1参照）などのやさしい本だったので，皆，とっかえひっかえ読み，あっという間に時間が過ぎてしまいました。ところが，徐々に本のレベルが上がり話が長くなると，ときどき集中力がもたない生徒が出てきました。そこで集中力を途切れさせないために，授業前半は（約20分）一斉に同じレベルの本〈Penguin Readers（PGR）〉シリーズの0レベルを読ませ，ストップウォッチでそれぞれの生徒が1冊読み終わる時間を計っていました。終了した人から順に自分の好きな本を読むようにしたところ，スピードにかなりの個人差がありました。速く読んだ生徒は，まだ読み終えていない友達の邪魔にならないように静かに自分で新しい本を選択して読み続け，読み終えていない生徒は先に読み終えた友達に刺激され，より集中してがんばっていました。早く読み上げて，他の人と同じく自分の好きな本を読みたかったのです。結局は授業終了まで皆集中して読書を続けていました。

d) 多読の習慣付けができる

　中高生に限らず大学生でも，多読初期はできるだけ多く多読の時間をつくり，かつ定期的に多読を行なう習慣付けてしまうことが大切です。そうすれば，学生は毎時間の多読時間を楽しみにするようになるのです。本を教室に持っていかないと，「先生，本は？」と催促されるし，テキストに時間を取られると「今日は本読みしないんですか？」とがっかりされるようになります。

〈課題として〉

e) 読書の頻度不足を解消するためには

　中学・高校のように1週間に英語の授業が複数回あって，その

うちの1回を多読の時間にした場合，多読時間以外の授業で読書時間を割くことは，たとえ短時間でも難しいでしょうから，必然的に読書回数は1週間に1度となります。授業外でも自発的に読む生徒は問題ありませんが，実際は大学生でも宿題として課さなければ読まない学生のほうが圧倒的に多く，中には読みかけていた本をそのまま1週間後に持ってきて続きを読むような学生も少数ですがいます。その間に登場人物がわからなくなったり内容を忘れたりして，何度もあちこちページをめくりながら読んでいる姿を見ます。毎日少しでも読む習慣が付くまでは，授業での読書回数が多い方がより効果的でしょう。英語の授業が週に複数回あれば次の「10分間多読」を毎回行なうのがお勧めです。

2-2　授業時間中（10分間多読）

　先述のような専任の多読指導者もいなくて，授業の進度も決まっている場合は，英語の授業の最初か最後に毎時間10分間多読を盛り込みます。初期は10分以内で読める本を提供し，ストップウォッチを用い，「よーい，はじめ！」で読み始め「ストップ！」と言うまで読ませます。それまでに読み終えた生徒には，2冊目を渡すことも可能です。公立中学・高校で10分間多読をして効果を調べた研究があります（野呂，2008；藤田・野呂，2009）。

　多読の時間を10分間とれば，授業を一部削る必要が出てきますが，授業で行なう予定の練習問題を少し宿題にまわすとか，少し早口で話すとか，文法の説明を少し省略したり簡素化したりするなど，色々な工夫が考えられます。10分なら毎時間何とか捻出できるものです。この方法であれば，共通テキスト・共通カリキュラムがあっても導入可能でしょう。

　10分間読書の効果は次のような面に出てきます。

〈長所〉

a）集中力が向上する

　ストップウォッチの効果はすばらしいものがあります。人間の心理でしょうか，ストップウォッチを手に「よーい，はじめ！」の掛け声をかければ，それまでのザワザワは一瞬で消え，急に静寂が訪れます。まったく魔法みたいです。授業を見学にこられる先生たちは一様にその一瞬の変貌，読書中の真剣さに驚かれます。あまり集中して読んでいるため，時には10分間読書がいつの間にか20分，30分になることもあるのです。

　どんなに集中力がない生徒でも10分ぐらいは何とか座って集中できますので，そのような生徒にとっても10分間読書は最適でしょう。

b）リーディングスピードが向上する

　10分間時間を計ると，その間で１冊読んでしまおうと努力するため，集中力が向上しおのずとスピードが上がってきます。授業の最後に10分間多読を入れた場合は，ベルが鳴る前に読もうと必死になります。ベルが鳴っても同時に読みやめる生徒は少なく，何とか残りの１〜２ページまで読了しようと必死で読んでいる学習者が多いのには感激します。これもまた，上記の集中力向上および読書のスピードアップにつながります。

　主に週１回の大学の授業では望めませんが，１週間に４，５回英語の授業がある中学・高校では，毎回10分間多読を行なえば，英語の本に触れる機会が多くなるため英語での読書に慣れて，毎時間，英語の本を読むことが当たり前になってきます。多読初期は週に１時間を全部多読に当てるよりも毎回10分間読書の方が効果があがるでしょう。

〈課題として〉

c）消化不良を解消するためには

　ところが、多読が進んで本のレベルが上がり語数が増えてくると、10分では読み終わらなくなります。集中している読者は途中で止めたがらないし、それを止めさせるのはとても勇気が要ります。せっかく集中して読書をしている生徒の楽しみを中断させるのは、なんだか悪いことをしているようで罪悪感すらおぼえます。そのためずるずると10分が15分になり、それが20分25分になるということもよくあります。すると授業が予定通りに終わらず次週に持ち越しとなり、それが何度か続くと教科書の予定をカットすることになったりします。進度まで決められている場合は追いつくのが大変、悩みかねません。読書を中断させるのがどうしても難しい場合は、授業の最初より最後の10分に時間を設定する方がよいでしょう。そうすれば、話の続きが気になる人はそのまま休憩時間や昼休みにも読み続けます。

d）共通テキスト・カリキュラムとの調整方法

　英語の授業が横並びで進度も決まっている場合は、たとえ10分であっても自分のクラスだけ多読を行なえば進度が遅れて共通テストに間に合わない、との心配をときどき耳にします。特にクラスに英語が苦手な生徒が集まっていればなおさらです。根本的かつ最良の解決法は、担当者全員、または多読指導を専門に行なう教師が横並びのクラス全部に多読を導入することなのですが、どちらも無理な場合は、自ら行動を起こすしかありません。同僚の理解を得るためには、やはりここで紹介した方法を用いて、自分のクラスで10分間多読を始めるか、放課後に30分時間をとって希望者に個人指導を行なうなどして成果を挙げ、それを宣伝するしかないようです。

前任校（近畿大学法学部）では，共通テキストはありましたが，幸い進度は各自に任されている上に，余裕を持ったカリキュラムであるため，共通テキストをこなしながらも，各自が自分の得意分野を活かした授業を展開していました（多読，スピーチ，語彙指導，TOEIC強化など）。そのなかでも学生の反応がよい多読を導入する人が少しずつ増えていました。

2-3　ホームルーム時の多読

　これは中学・高校の場合のみですが，クラス担任がある場合はホームルームの時間に多読を導入することができます。朝の10分間読書（日本語）を実施しているところがあると思いますが，同様に10分間英語多読を導入すれば，たとえ10分でも効果が上がってきます。クラス担任が英語に理解がある人であれば，頼むこともできます。その場合は担任の先生も生徒と一緒に静かに楽しんで読んでもらうだけなので，難しい事はありません。多読指導は決して英語教員しかできないわけではありません。担当者自身が多読を行なっていれば可能です。

　多読ではありませんが，以前に梅花高校で週2回ある高2のクラスでスピードリーディングの練習を行なっていました。ピアノ，スポーツ等，何の練習でもそうですが，スピードリーディングも週2回だけよりも毎日練習する方が効果的なのは明白です。そこでプリントを準備して，ホームルームでリーディングスピードを計ってもらうように担任の先生にお願いしたことがあります。普段でも雑務が多い中に余分な仕事が入るのは大変だったと思いますが，担任の先生は2人とも快諾されて，それからは毎週4回のスピードリーディング練習が学年の最後まで続きました。担任にとってクラスの生徒は自分の子どもと同じようなものです。子ど

もたちの益になることなら労をいとわない先生が多いのです。

　共通カリキュラムが決まっている場合，ホームルームで生徒が毎日多読をすれば，授業時間を割いて多読に当てなくてもよいことになります。体育祭や文化祭などの行事前になると伝達事項が増え，ホームルームが伝達事項のみでいっぱいになることがあるようです。その場合は読書時間を削られてしまいますが，それでも，どの学校でもたいてい毎日1～2回はクラス全体が集合しますので，その時に多読を行なえば，英語の授業よりも回数が多くなります。武庫川大学附属女子中学では，毎週1回（50分）の授業内多読に加えて朝の読書も行ない，さらに担任が帰りのホームルームに来るのを待つ時間にも自主的に読書をするため，素晴らしい成果を上げています（第7章1参照）。

　朝の読書の場合，クラスによっては，生徒の遅刻が多く，バラバラと教室に入ってくるので読書に集中できない場合があるようですが，これを機に遅刻をなくすこともできるかもしれません。

3　多読授業の場所

　次は授業内多読（SSR）を行なう場所ですが，教師対象のアンケートによると，現在行なわれているのは大きく分けて図書館か教室です。次の(2)～(4)は教室で行なう場合の図書利用法です。

(1)　図書館での多読授業
(2)　クラスルーム・ライブラリー利用の多読授業
(3)　本を教室に運び込んで行なう多読授業
(4)　図書館から各自本を借り出し教室で行なう多読授業

最適な場所は多読用図書が自由に利用できる場所，つまり(1)

の図書館(または英語教室)ですが,図書館を利用できるケースは割合少ないかもしれません。公立中高の図書館では司書がいないため授業中は鍵がかかっており誰も入れなくて,本来の図書館利用すらできないところがあるようです。(2)のクラスルーム・ライブラリーも予算や本の管理の面から,設置されているところは少ないでしょう。

　そうなれば,(3)の教室に本を運び込むか,(4)の各自が図書館から本を借り出してくることしかないわけです。私は,図書館利用ができない場合は,両者を併用しています。つまり,基本的には各自の責任で授業前に図書館から本を借り出し,授業に持参させるようにしておき,その本が本人のレベルと合わなかったり,借りてきた本を読み終わったり,種々の理由で本を持参しなかった学生などには,私自身がクラスに持ち込んだ本を貸し出すことにしています。

3-1　図書館での多読授業

　英語の本を図書館で管理している場合は,授業中に図書館が利用できればそれが一番便利で,効率よく多読指導ができます。その場合は授業時間を全部利用して多読授業することが望ましく,その時間は図書館集合とし,ベルがなるまで図書館で読書をさせるようにすると,効果が上がります。図書館多読授業の利点は非常に多く,図書館ならではの副産物ももたらします。

〈長所〉
a) 本の選択・変更が自在にできる
　学習者がその場で自由に本を選択でき,1冊読み終えた場合,また途中で変更したい場合等に,すぐに交換が可能になります。

b）本の紹介が容易

　教師は生徒の多読状況を観察しながら，自分のレベルに合わない本を読んでいる生徒に別の本を勧め，集中力が欠けている生徒には興味を引く本と交換させるなど，即対応ができます。

c）貸し出しが容易

　読書途中で授業が終了した場合その場で貸し出し手続きができるため，生徒は続きを授業外で読めます。また，ついでに授業外読書用の本も借りていくことができます。高校で図書館多読授業を行なっていた時は，授業終了5分前には本を手にした生徒がカウンターの前に並び始め，毎日数冊借り出していきました。

d）図書管理における教師の負担が軽減する

　多読授業終了後は生徒が自分で本を書棚に戻し，その後再度司書または図書館担当者（大学の場合は学生アルバイトも多い）に整理してもらうため，教師が本の整理や管理にほとんど時間をとられません。本の貸し出しや整理のために授業時間を短縮したり，本の管理のために授業以外で膨大な時間を割かれたりすることもありません。本の貸し出し返却は授業終了後に学習者各自が行ない，図書館が責任持ってその作業に当たるため，未返却の本を請求したり，紛失本を探し回ったりなどする仕事も免れます。

　私が現在まで1つの高校，6つの大学（8つのキャンパス）で，多読授業をスムーズに行なえたのは，どこでも図書館の協力があったからでした。特に梅花高校では，司書の徳谷美喜子氏を始めとする図書館員に，図書管理および貸し出し（多読学会から借りた本の管理貸し出しを含む）・生徒への新刊案内・人気図書紹介・クラス別図書利用レポートなどきめ細やかな仕事以外に，多読図書管理の最も大変な語数チェックやシール貼り，新刊探索等

まで協力してもらい，大いに助けられました。徳谷氏自身は生徒の多読に影響を受けて多読を始め，かなりの数の本を読破し（数年前に880冊200万語を超えてその後は数えていない）さまざまな本の内容まで知りつくしているため，鬼に金棒です。生徒が読み

図5
豊田高専の図書館での多読

図6
梅花女子高校の図書館での多読

たくなる本を生徒と一緒に探す時に、それまでに読んだ本のストーリーと、読みとばした単語の量などの経験が役立っているそうです。返却時にカウンターで、ストーリーのよくわからなかった部分などを生徒に尋ねると教えてくれることがあり、すごく嬉しいとのことです。教師とではなく、学習者と同じような立場の人と、読書後にこのようなちょっとした会話ができるのは、生徒が読書を続けていく上で大いに励みになり、大切なことです。

e）副産物

　図書館で多読授業をすると、英語の本を読むだけでなく日本語の本にも興味を示す生徒が必ず現れます。多読授業が始まり、英語の本と同時に日本語の本の貸し出し数が増えたという図書館からの報告が数例なされています。また、毎週多読授業のため図書館に出入りするうちに、図書館に慣れ親しみ、図書館利用者が増加し、本を借りるだけでなく、放課後図書館で勉強する生徒が増えたと図書館からの報告がありました。

〈課題として〉

f）移動時間が長くなる

　中学・高校の場合は、たいていホームルームで英語の授業を受けますが、図書館で授業を行なえば、10分の休み時間に移動する必要があります。大きい学校で、図書館が教室から遠い場合は、生徒の負担になることもあります。大学生の場合は常に学生が教室移動をしているので抵抗感は少ないのですが、図書館の建物が別棟になっている場合が多く、移動に時間がかかるところもあります。そのために、図書館に行くのを不満に感じている学生がいたというのを他の大学の先生に聞いたこともあるのですが、私のクラスでは、教室より図書館の方が図書の選択がふんだんに行な

えるので，高校生も大学生も図書館授業を好んでいました。

g) 環境の変化に浮かれる学習者

　これは中学・高校生だけでなく大学生にもわずかながらみられます。大半の生徒は非常に静かに読書をする反面，中にはいつもの教室から離れた違う環境での授業に浮かれる生徒がいます。もっとも読書を始めると皆真剣に集中しますが，多読開始までがにぎやかです。

h) 授業中の指示が制限される

　図書館内はともかく静かにすべきところなので，教師が通常の教室で出すような声で指示を出すことははばかられます。読書中はもちろん大きい声を出す必要はないのですが，授業開始・終了時にも声を潜めなければなりません。特に一般の利用者が近くにいる場合は，本の交換のための生徒の移動や，指導のための教師の動きにも気を遣わなければなりません。

3-2　クラスルーム・ライブラリー利用の多読

　中学・高校で教室に多読用図書がある場合は，図書館を利用しなくても生徒の教室で多読授業をすることができます。次ページの図7はSEGのクラスルーム・ライブラリーです。このような教室が理想的ですが，一般の中学・高校ではまず望めません。将来このような教室に近い形のものが現れると，学習者は思う存分多読ができるようになるでしょう。それまでは知恵と工夫で現在利用できるものを大いに活用しましょう。

　クラスルーム・ライブラリー利用の場合も下記のような長所と課題の両方が考えられます。

〈長所〉

a) 図書の選択，貸し出しなどが容易にできる

　図書の選択・変更・紹介・貸し出し・推薦の容易さなどに関しては図書館利用の場合と同じです。そのうえ，中学生・高校生の場合は，図書館への移動がないため，時間の節約になります。

　また，教師は図書館授業のように声を潜めることなく通常の声を出せますが，読書中はもちろん小声です。

b) 多読用図書利用が増加する

　生徒が常時本を目にしてすぐに手に取れるため，どのような本があるが把握している場合が多く，授業以外のときにも利用度が高くなります。また，教室で読むときは，図書館で読むのと同様，貸し出し手続きをせずに読めるので，常時ちょっとした時間に手にとって見たり，その場で読んだりする生徒が見られます。

　教室の雰囲気がよくなったという声も聞きました。本の管理は係の生徒に任せ，本を借り出す際にはノートやカードに記入させる場合が多いようです。

図7
日本最大のクラスルーム・ライブラリー（SEG）

〈課題として〉

c）図書管理の負担が大きい

　棚の大きさ，予算などによりますが，一般的に図書館に比べると図書の数が圧倒的に少なく，皆が借り出すとすぐに書棚が空になります。それでも図書の管理は必要です。図書を鍵つきのキャビネに保管する場合でも，教室の後ろの棚に並べておく場合でも，管理は誰かがしなければなりません。一度ボランティアの生徒に貸し出しも含めて管理を頼んだ時，その生徒の負担がかなり大きくて気の毒でした。貸し出し期限を守らない友達がいたり，カードに記入せずに持ち出したりする生徒がいても，強く返却を要求できなくて困っていました。管理をゆるくすれば，おのずと紛失が多くなります。図書管理に関しては後述します。

3-3　本を教室に運び込み行なう多読授業

　図書館利用も不可能でクラスルーム・ライブラリーもない場合は，毎時間教室に多読用図書を持ち込むしかないのですが，その方法としては展示も兼ねたキャスターつきの棚（図8）に積んでいく，キャスター付のスーツケースに入れて運ぶ，ダンボールに入れて運ぶ，丈夫な紙袋に入れて運ぶ，等が実際に行なわれています。

〈長所〉

a）本のレベル・種類を制限できる

　教材（図書）を自由に選択させることが多読授業の特徴であり，学習者のやる気を起こさせる要因になるのですが，多読初期は多読で使用する本のレベルも自分の多読できる英語力のレベルもわからず，自分のレベルより高い本を選択する場合がよくあります。

それを防ぐために，教室に運ぶ本のレベルや種類を最初は制限して，やさしいレベルの本ばかりを教室に持ち込み，徐々に教室に持参する本のレベルを上げていくのもひとつのよい導入方法です。

b）生徒とのコミュニケーションのきっかけになる

本を運ぶ際に，生徒・学生（ボランティア・順番・おとなしい生徒・活発な学生等）に手伝ってもらいながらその機会にコミュニケーションを図ることができます。教室までの往復に本の話や多読に関する話，あるいは個人的な趣味・ペット・クラブ・アルバイト等の話をしながら，生徒・学生の特徴や好み等をつかんでおくと，本を勧めるときの参考になります。また，研究室の書棚の本を見せて，あれこれ宣伝し読書欲をそそることもできます。教師の控え室や研究室にはまったく足を向けようとしない学習者でも，これをきっかけに個人的に本を借りに来ることがあります。特に教室でも意見を言わないおとなしい学習者の気持ちをつかむにはよい方法です。

図書運びを手伝ってもらう時にいつも英語で生徒に語りかけて

図8
図書用キャスター
（開成中学 Daniel Stewart 氏提供）

いる先生がいます。教室内では皆の前で恥ずかしがってなかなか英語を話そうとしない生徒でも、個人的に話し始めると英語が口から出てくることがあります。大半の生徒は英語を話せるようになりたいと思っているので、たとえ往復5分でも、練習の場を与える絶好の機会です。

〈課題として〉
ｃ）本の種類・数量が限られてしまう

　上記の長所と裏腹なのですが、特に学習者の人数が多い場合やレベルの差が大きい場合など、多様な本が大量に必要な場合でも、教室に運んで教卓や壁際に並べることができる冊数には限度があります。私のクラスでは、多読が進んでくると学生間のレベルに個人差が出てきたり、出版社やシリーズの好みが出てきたりするので、たいていダンボールや袋で2個ぐらい運んでいます。多聴を行なう場合はCALL教室までCD付きの本を運ぶため、毎回ダンボール3個運びます。全部は教室に並べきれないので、最初は1〜2種類の本を列ごとに人数分配ります。その場合、前の人から順に自分の好きな本を選ぶことになるので、なるべく公平に選択権を与えるために、2回に1回は後ろから配るようにしています。読み終えると自分で次の本と交換しに来て好みの本を選んでいきます。

ｄ）図書管理の負担が大きくなる

　本を教室に持ち込んで読ませたり貸し出したりする場合、図書の貸し出し・管理に時間と手間がかかります。授業の最初に貸し出す本を登録しても、授業中に各自が本を交換して読み続ける時に、きちんと登録（記名）せずに手にとりそのまま返却しない場合がたまにあります。また、授業の最後に本の貸し出しをしたり、

返却された本をチェックしたりするのに時間をとられます。

開成中学の Daniel Stewart 氏は便利なバーコードリーダーを使用しています（図9）。最初のセットアップに少々時間がかかりますが、いったん軌道に乗れば貸し出しは"ピッ"とバーコードを読ませるだけで誰がその本を借りたか記録されます。授業後そのシートをパソコンに入力すれば自動的にエクセルに入り、各生徒の読書記録が更新されるようになっています。

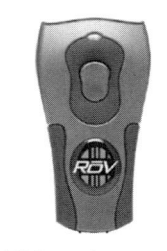

図9　バーコードリーダー

e）学習者の依存心が拡大する

教師が教室に図書を運び込めば、依存心が出てくる学習者がいます。つまり、自分で図書館に行き本を見つける努力を怠たり、教室内に運ばれる本に頼りがちになったり、自発的に系統だった読み方をせずに教師が運んできたものだけで間に合わせようとするため、読み方にばらつきが出てきたりします。そのような場合は本人の読書記録を見て、「次回は00レベルの xx シリーズの本を図書館から借りてくるように」と、個人的に指示したりしています。あくまでも、そうする方が本人の英語力がより効果的に伸びる、と力説した上で指導を行ないます。

3-4　図書館から各自本を借り出し教室で行なう多読授業

最近は、多読用図書が多くの学校図書館にそろうようになりました。大学図書館の中には、まだ GR や絵本などは大学生向きではないと抵抗しているところもあるようですが、いずれ現実の大学生の実態が分かり学生のための図書館に変わっていくでしょう。

図書予算，図書管理等を考えると，やはり，まず学校図書館に多読用図書をたくさん備えて，それを全学生が利用するのが最も便利で効果的だと思います。ほとんどの図書館は同じ本を2冊置かないことを前提としているようですが，そうなると人気のある本はいつも貸し出し中ということになり，利用者が限られてきます。2008年から近畿大学図書館が行なっている方法は，人気のある本は全て2セット購入し，1部は貸し出し用，1部は館内利用のみとして，本棚を分けて並べてあります。このようになったお陰で，簡単な本はわざわざ借り出さずにその場で読む学生が増え，また，貸し出し制限の必要もなくなり，貸し出し数も大幅に増えました。図書館授業にも支障をきたすことがなくなり，英語が「超苦手」な学生も自分のレベルに合う本が常に手に入るようになり，2部購入方式の恩恵を受けています。

　図書館から借り出して授業に臨む多読授業には次のような長所と課題があります。

〈長所〉
a）多種多様な本に出会える

　基本的に私はどのクラスの学生にも，図書館の本を借りてくるようにと指示しています。やはり，図書館の多読用図書がいちばん種類もレベルも多いので選択の幅があります。多読初期は借りる本のシリーズやレベルを指定することもあります。図書館に行き自分で本を探し借りる手続きを行なわせるのも，ある意味での多読指導です。何度か書棚に本を探しに行くうちに，様々な本を目にして他の本に食指が動くようになり，自分の好みと意思で本の選択をするようになります。また，図書館の書棚の前には他のクラスの学生もいて，あれこれ物色していますので，それに刺激を受け，他の本にも手を伸ばし積極的に読み始める学習者が出て

図10
各自で図書館から借り
てきた本を読む
（近畿大学）

きます。毎時間，学生の机の上に様々な本が置いてあるのを見るのは嬉しいものです。時には，難易度が高くてこちらがまだ勧めなかった本があり，読書記録を読むと，「語彙は難しかったが内容に興味があったので，最後まで楽しく読めた」と書かれていることもあります。ここまでくればしめたもので，もう一人歩きして読書を始めているのです。早い学習者は2〜3ヶ月もしないで自立していきます。教師にとっての利点は，学習者が自分で借りたものは自分で責任を持って管理をするため，図書管理の負担が大幅に軽減されることです。

b）図書館利用が習慣付く

　思いがけない副産物として，図書館の利用方法がわかり，図書館利用が習慣付くということが挙げられます。実に驚くべきことですが，大学2年生で多読授業が始まるまで図書館に行ったことがなかったという学生が毎年若干名ですがいます。つまり1年のときは一度も図書館に足を運ばなかったということです。もし多読授業がなければ卒業まで図書館と縁がなかったかもしれません。図書館の場所がわかり，図書の貸し出し方法がわかってよかった

というコメントが毎年出てきます。中学や高校でも図書館に親しませる，という意味で大きな効果が期待できます。

〈課題として〉
c）本の選択を間違える
　どのような方法をとっても，それだけで100パーセントうまくいくことはあまり期待できません。図書館から多読図書を借り出して持参するように指示しても，多読時間に見合うだけの本を借りて来ない学生もいます。授業中の多読時間が30分以上あるにもかかわらず，5～10分で読める薄い本を1，2冊しか借り出して来ずに，読み終えた後は友達に借りたり，ボーっとしていたりする学生もいるのです。また，本の選択を間違えて自分の英語レベルより高い本を借りてきたため，読めなくて悪戦苦闘したり，本の中に入っていけずにうとうとしたりしている学生もいます。

d）本を借り出さない／貸し出し停止処分者
　中には図書館に行くのを怠けて本を持参しない学生や，返却期限を守らず貸し出し停止処分を受け，本を持参しない学生も毎回数人います。
　ちなみに，イギリス・アメリカの大学図書館では返却期限を守らなかった場合は延滞金を支払わせるところが多いそうです。厳しいようですが，社会ルールを身に付けさせるためにも，日本の大学でも是非罰金制を取り入れてほしいものです。そうすれば期限内に図書を返却する学生が増え，貸し出し停止処分を受ける学生が減り，その分図書貸し出しが増えます。残念ながら返却が延滞するケースが多い場合でも，図書館の収入が増えそのお金で図書の購入ができるようになるのでどちらに転んでも得るところのほうが大きいですね。

〈その他〉

　授業外でも多読を行なわせる方がより効果的であるため，図書館から図書を借り出し，昼休みの自主多読，通学途中の電車の中，自宅での読書を行なうよう常に奨励しています。自宅に本を持ち帰ると，家族が興味を示し，それがまたその生徒の多読を推進するという思わぬ副産物が出てきます。

　前任校で，生徒の母親や弟が一緒に多読を始めたというケースが数件ありました。ひとりの女子高校生は自分が読んだ本を中学生の弟が読みたがるから再度借り出したい，と許可を取りに来ました。もちろんOK。母親と一緒に読んでいた生徒もいました。中には，両親に全部読んで聞かせていたツワモノもいたのです。現在の大学のクラスでは学生が借り出した本に父親が興味を示し，父親も自分で読み始めたそうです。このような場合，当然のことながらその生徒たち自身の読書熱は上昇します。

4　多聴実施の時間帯

　本があればどこででも行なえる多読に比べて，多聴は実施場所や時間等に制約があり，導入準備にかかる時間や教材購入の予算も大きいため，まだ多読ほど普及はしていません。多聴も多読同様必要性が高く，英語力向上への効果が大きいため，今後は急速に普及していくものと思われます。

　多聴も多読同様授業中に行なうのが一番ですが多読同様，カリキュラムの関係で授業時間が限られている場合や，多聴が進み長い時間を要するようなると授業中だけでは時間が足りません。その場合は，CD付きの本を貸し出して授業外で聴くように指導するとよいでしょう。

5　多聴授業の場所

多聴は機材を使用し音声が伴うため，当然多読より実施場所が限られてきます。現在授業内で多聴授業を行なっているところは大体次の(1)か(2)のどちらかを利用し，不足分は(3)で補っています。これにもそれぞれ長所・短所があります。

(1)　普通教室
(2)　CALL教室（メディアルーム，LL教室）
(3)　授業外での多聴

5-1　普通教室

現在多聴を行なっているところは，ポータブルCDプレーヤー（例：ソニーD-EJ002）をクラスの人数分だけ購入して各自利用させているところが多いようです。つい最近まで学校で使用していたカセット教材は，ほとんど使われていません。

ちなみに，授業外で使用する音声メディアに関しては，英語コースで多聴を導入している東海大学でのアンケート調査では，次のような結果が出ました。1年163人の学生に所有している音声メディアを問う質問では，CDプレーヤーを持っている学生が一番多く（80%），ついでMP3プレーヤー（72%）で，カセットプレーヤーは36%のみでした。ところが授業外に多聴を行なう時に使用するメディアを問うと，全体の51%がMP3プレーヤーを使用し，CDプレーヤーを使用しているのは33%のみでした。カセットプレーヤー使用者はわずか1%という回答でした（Ware, 2009）。

a）操作が簡単，どこででも使用可能

　ポータブルCDプレーヤーは当然イヤフォンを使用するため，音が外に漏れなくて，どの教室ででも使えます。操作は，CDを入れて再生するだけなので簡単で誰にでもできます。調子が悪ければ予備のプレーヤーとすぐに交換できます。なお，ソニーD-EJ002は，途中で電池を入れ替えても，再生を中断した場所から再生されるので，語学学習にはぴったりで，この機種を使用しているところが多いようです。

　茨城大学の多聴クラスでは，CDプレーヤーを持って歩きながら多聴・シャドーイングを行なってもよいことになっているそうです。同大学での多読多聴研究会のセミナーに参加した時，私も他の参加者と一緒に実際に歩き回りながらシャドーイングしてみましたが，体を動かしながらシャドーイングを行なうのはリズムに乗れて快適でした。教室で一斉にシャドーイングする時は，歩き回って学生の音を聴くと同時に自分でも音を出しています。歩くのは無意識でできますので，耳に入ってくる音に集中できるんですね。電気通信大学では廊下の隅などでシャドーイングをしている学生もいて，皆とても集中して真剣にやっているようです。

b）CDプレーヤーの経費大

　CDプレーヤーは1台の値段が4,000円程度するので（あまり安いのは故障が多い），人数にもよりますが，クラスの人数分そろえるには高価になります。また，多読用図書に加えてCDプレーヤーを20～30人分教室に運ぶのは重労働です。予算に余裕があるところは，各教室にCDプレーヤーを生徒の人数分そろえているところもありますが，これは非常に稀です。したがって現在のところ，授業で多読教材付属のCDを多聴教材として使用する場合は，教材とCDプレーヤーを教室に運びこんで多聴を行なう方法

が一番便利でしょう。

5-2 CALL 教室

　私は以前勤務していた高校でも大学でも LL 教室を利用しました。現在の大学では CALL 教室を利用しています。CALL 教室ではインターネットを使ったリーディングや時事英語，あるいはライティングの授業を行ない，その効果を享受してきましたが，リスニングでは一層その効力が発揮されます。

　CALL とは Computer-Assisted Language Learning の略で，その名のとおりコンピューターを使うので，機械に弱い私は大学によって設置されている機種やソフトが違ったり，新機種が設置されたりするたびに，慣れるまで冷や汗ものです。CALL 教室は人気があり，どの学校でも毎時間何がしかのクラスが使用していることが多いようです。いろんな学習者が使用するためか，故障が多くうまく作動しないこともよくあります。個々のコンピューターの具合が悪い場合は，予備の席に移ればたいてい大丈夫ですが，教師用がうまく作動しない時は，急遽，備え付けの CD プレーヤーに切り替えることもあります。どの CALL 教室でも，近くの部屋に専門家が待機している場合が多く，いざとなれば助けを求めることができるので安心です。

a）CALL 教室での多聴授業・シャドーイング
　CALL 教室で多聴の授業を行なう場合は当然個々人用のプレーヤーは不要なため，多読用図書の CD 付きの教材のみ教室に運びこみます。私の場合は25〜30クラスの授業に，3，4種類の CD 付き図書を3つのダンボール箱に入れて運ぶため，毎時間3人の学生に手伝ってもらいます。多聴教材は多読図書ほど種類が

多くないため，同じ種類のCD付き図書をなるべくたくさん購入しています（CD付き多読教材については，第5章参照）。

　私が現在行なっている多聴授業は，次の通りです。最初に同じ種類の短いCDでスタートし（〈Fast Forward〉（p.136参照）を使う場合が多い），終了した学生には教室の前に並べている別の種類の教材の中から，好きなものを選択させます。こうすれば教材変更に来る学生が他の学生とあまりぶつからないため，一人ひとりがのびのびと教材を選択できる上に，他の学生が静かにリスニングを行なっている最中に，教材の前でおしゃべりしたりすることもありません。これを繰り返しながら，途中でパラレル・リーディングやシャドーイングを各自バラバラに行なわせ，教師用コンピューターからモニターします。

　一斉に同じ教材を使ってシャドーイングさせる場合もありますが，これを授業の途中で行なうと，必ず数名のリスニングを中断することになりますので，とても難しいです。同じ教材を使ってシャドーイングをする場合は，授業の最初に行なう方がよいようです。

　CALL教室のモニター機能は以前のLL教室同様，学習者一人ひとりの音声をモニターできるため，シャドーイングがうまくいっているか躓いているか，よくわかります。希望者にはモニターして聞かせたり，教師用のコンピューターに映る学生の画面などを見せたりするようにしています。そうすると納得してシャドーイングに取り組みますし，パソコンでこっそりトランプ遊びをする学生もいなくなります。学生はモニターされているのがわかっているので，マイクにはっきり入るように大きい声を出します。最初は恥かしがっていた学生も徐々に慣れて，皆が大きい声を出すので，周りに負けじとがんばっています。

　また現在のCALL教室のコンピューターにインストールされ

図11
CALL 教室での多聴授業
（近畿大学）

ているソフトレコーダーではモデル音声と学習者の音声の波形が画面の上下に同時に出るため，各自，耳だけでなく，目でもモデルの音声との違いをチェックできます。

5-3　授業外での多聴

　最近は MP3 プレーヤーを持っている学習者が多く，CD 付きの本を貸し出しすると，自分で録音して通学途中に聴いている人もいますが，これは一部の学生のみです。第3章で紹介したように Jean Ware 氏の東海大学での調査によると，大半の学生は英語の CD を聴いたりシャドーイングを行なったりするのは役に立つと回答したにもかかわらず，実際に授業外で聴く時間は非常に少なかったのです。また，聴く手段を持ち合わせていなかったり，種々の事情により聴く時間が取れなかったり，CD を聴くのを面倒がる怠けがちな学習者もいます。このような学習者を引っ張っていくには，やはり多読授業以上に授業内で多聴授業を行なう必要があります。

6 クラスサイズ

　多読・多聴授業は学習者一人ひとりを観察し，指導していくのが効果的であるので，1クラスの人数が多すぎると，必ずや目が行き届かなくて多読・多聴が進まない学習者が出てきます。きちんと多読・多聴を行なえば学習者のほぼ全員の英語力が向上するのです。インプットを効果的に行なえば英語力が向上するのは当然のことです。クラスサイズの限界は年齢層，学習者の英語力，意識等によって異なるので一概には言えません。

　中学生・高校生の場合は生徒の学習に対する態度などによって非常に変わってきます。1クラスの人数が30名以上になると，目が十分に行き届かなくて，効果的な多読・多聴指導にもれる生徒が出やすくなります。前任校では幸い25～30人クラスだったので全員に目が届き，きちんと多読指導できました。うまくいくかどうかはクラスの雰囲気によっても違います。同僚が担当していたクラスは学習・生活態度ともに困難で，落ち着いて読書ができない生徒が少なからず混じっていたため，真剣に読書を行なう生徒が気の毒でした。そのような場合は10～15人ぐらいで行なえばもっと指導しやすく，学習・生活態度が困難な生徒も一人ひとり向き合えば，多読の効果も上がります。

　大学ではいまだに50名以上のクラスがあり，椅子からはみ出さんばかりの大柄な男女が教室にぎっしり詰まっています。これは講義形式の授業であればかまわないかもしれませんが，語学教育の場では多すぎます。大学生といえども30人にとどめるべきです。特に多読の場合は人数が35人を超えるとやはり指導が行き届かず，効率の悪い多読をしている学生を見つけ出して指導するのが遅れてしまいます。そのような学生はあまり多読の効果が上がらず，気の毒なことになります。

クラスサイズはこちらの希望で決まるものではないのですが，もし意見を求められたら，是非25名前後でと申し出てください。

7 指導者の役割

　多読・多聴指導者にとって多読用図書を読んだり，音声を聴いたりしておくのは，教材研究と同じで非常に重要なことです。多読指導者は学習者のモデルになるものであるから，一緒に本を読むのがよいという意見があります（Day & Bamford, 1998）。それももっともですが，授業中に学習者と一緒に読むだけでなく，常日頃様々な多読用図書を読んでおき，学習者に本のアドバイスをしたり，本について学習者と意見交換したりできるのはもっと大切なことです。指導者がすでに本を読み内容を知っているとわかれば，学習者は指導者のことばを信頼して，読書を続けるようになります。

　授業中，私は学習者を観察しながら，1週間の読書状況を見るため読書記録手帳を読み，感想・アドバイス等を書き込んだり直接話したりします。そして，時間が余れば本を読むことにしています（たいていの場合，時間ぎりぎりですが）。

　多聴授業の時は，学生がバラバラに出す音声をモニターします。中には英語を聴くとすぐに眠くなる学生がいます。そのような学生には，まず声を出させて，パラレル・リーディングやシャドーイングを行なわせてモニターすると目がばっちり開くのです。

エピソード ── ㉚
　現在私のクラスにいるT君は，音を出すのが大好きで，またシャドーイングが素晴らしく上手い。彼は本を開けば眠くなるし英語を聴けば眠くなるため，多聴の受業時間中

ずーっとシャドーイングをさせている。本人は喜んで20〜30分かかる話を１〜２冊全部シャドーイングしてしまう。あまりの乗りように周りはニヤニヤ笑いながらも感心して思わず耳を傾ける。また，彼に刺激を受けて，同じ本をシャドーイングし始める学生も出てきた。

7-1　読書状況の観察

　効果的な多読指導を行なうには，まず学習者の読書状況を観察しなければなりません。その際最も重要な点は，学習者が本人のレベルに合った本を楽しんで読んでいるかどうかということです。

　寝ていたりボーっとしたりしているのは何らかの理由で本に没頭できていないのです。たいていの場合，本が難しすぎて理解できないために眠くなったり，集中できなくなったりしています。そのような時には学習者が目を覚まし，集中できるような本を推薦します。せっかく読書の時間を提供しているのに，寝ていては授業に参加する意味はないのですから。

　逆に，読んでいるように見えても，ものすごいスピードで本のページをめくっている学習者も要注意です。多読初期に wpm が250や300以上で読んでいる学生は，恐らく絵だけ見ているか字面だけ追って内容まで理解してはいないでしょう。そのような時は読んだところまでの内容を話させたり，ひとつ前のページに何が書いてあったか説明させたりします。まず，本人に間違った読み方をしていることを自覚させることが大事です。本人が納得すれば，もう一度内容を考えながら同じ本を読むよう指示します。一度それをやれば，たいてい次回からはきちんと読むようになります。多読が進みたくさん読めば徐々に読む速度は速くなり

wpm＝150〜250ぐらいで読める学習者が出てきます。これには個人差がありますが，今までの観察では，30万〜40万語読んだ学習者はほぼ全員これぐらいのスピードになりました。

　逆に，なかなかページをめくらない学習者も観察の必要があります。後ろでそーっとストップウォッチで時間を計ってみると200語ぐらいのページを4〜5分もかけて読んでいる場合があります。本人に聞いてみると，案の定日本語訳をしながら読んでいるのです。このような時は，もう一度やさしい本に戻り，日本語に訳をしないで読みすすめるようにアドバイスします。

　以前高2の夏季集中クラスに，なかなか訳をする癖がぬけず，訳なしでは絶対に読めないと言い張る生徒がいました。その時は彼女の横につきっきりで，やさしい本の文章を1文1文，訳なしで読めるか読めないか確認していきました。すると，本人にとっても意外だったのですが，訳をしなければ読めないと思っていたのは，それまでの習慣からの強い思い込みだった，というのがわかったのです。彼女は10日間の集中講座の1週間を過ぎた頃に，ようやく訳が出てこなくなったと言いました。

7-2　多読記録チェック

　学習者の多読記録は，単に何を読んだかの記録というだけではなく，多読指導上非常に参考になります。私は，毎週授業中に行なう15〜80分（クラスによって異なる）のSSR（Sustained Silent Reading）の途中で学生の読書状況を観察しながら1週間の記録を読みコメントするようにしています。ところが，50人もいるクラスでは時間内に全員分の記録を丁寧に読むことは不可能です。そこで，再度じっくり読むために各ページ記入終了後，つまり10冊読んだ時点でそのページをコピーして提出するように指

示しています（p.79，図4参照）。

　困ったことに，中にはその都度提出せずに学期の最後にまとめて提出する学生が必ずいます。読書方法に問題が見つかるのはそのような学生に多いのです。レベルの上げ方が急激であったり，バラバラのレベルを読んでいたり，読むスピードが速すぎたり遅すぎたり，記録に未記入の部分が多かったりと様々です。問題のある読み方，つまり効果が上がらない読み方をしている学習者を早期発見して，軌道修正するためにも読書記録を細かく読みます。

7-3　指導者自身が多読することの大切さ

　繰り返しますが，教材を知らないでは授業ができないのと同じで，多読用の本を読まないで多読指導はできません。現在出版されている本を全部読むというのは不可能ですが，担当しているクラスの学習者が読む本はなるべく目を通しておいた方が，指導がしやすくなります。まずはできるところから始めます。エジンバラ大学の David Hill 氏は現在出版されている Graded Readers を全て読んだそうです（本人から聞いたのですが，彼の読書速度はなんと wpm＝500！）。高校の元同僚の雀部伸枝氏はまず100万語読破し，別の元同僚は連日多読用図書を山ほど自転車に積んで帰って読みました。現在の2人の同僚（経済学部の遠藤功樹氏と法学部の桜井延子氏）は，多読授業を始める前には，春休みに図書館にこもってそこにある本のかなりの量を読破しました。

　ここまですることができない場合でも，少なくとも学生に人気のある本は読んでおいた方がよいでしょう。授業中に学習者と一緒に読書ができればよいのですが，よほど少人数のクラスでない限りそれは難しいので，やはりある程度は多読授業を始める前に読んでおくことを勧めます。

多読授業を始めて大量の本を読むようになり，自分の英語力が上がったとか，他の英語の授業がやりやすくなったとか，絵本を見直した，というようなコメントが教師用のアンケートでいつも見られます。多読授業は教師自身のためにもなりますから，大いに読みましょう。楽しい本が山ほどありますよ。

〈まとめ〉
　第4章では多読・多聴授業の時間および場所，クラスサイズ，指導者の役割等について述べました。
　私の経験から言うと，多読授業を行なう場所として最適な場所は図書館，多聴授業を行なう場所はCALL教室（LL教室・メディアルーム）ですが，いつもそれが可能であるとは限りません。それぞれの学校の事情に合わせ，学習者・指導者両者にとって一番よいと思われる場所・方法を選んでください。
　指導者の役割で大切なのは，まず多読用図書をなるべくたくさん読み，それから一人ひとりの学習者を観察しながら効果的な多読・多聴指導を行なうことです。
　次の第5章では実際に使用される多読・多聴用本の紹介をします。

5 多読・多聴用教材

第5章では,多読・多聴用に使用される図書やその朗読 CD について述べます。また,それらの教材を用いての読書の進め方や,読書記録の付け方,図書の入手方法や保管場所について説明します。

1 多読図書のレベル・語数について

最初に,このところよく目にする YL(読みやすさレベル)と,HW(Headwords:見出し語),WC(word count:総語数)について説明しましょう。

1-1 YL(Yomiyasusa Level : Readability)―読みやすさレベル

YL とは **Y**omiyasusa **L**evel の略で,「SSS(Start with Simple Stories)英語学習法研究会」(現在は「英語多読研究会」)の代表である古川昭夫氏とそのメンバーが考案した一種の Readability です。出版社によって本の難易度レベルの基準が違うため,Graded Readers(GR)のみならず Leveled Readers(LR)や Children's Books(CB:児童書),人気のある一部の一般書などを含む本の統一難易度を設定すべく考案されたものです。データは SSS 英語学習法研究会員や日本多読学会員,タドキス

トと称する全国の社会人多読実践家の協力を得て集められています。現在日本国内で手に入る限りの多読用教材（LR，GR，CB等）の約15,000冊（毎年増加中）が0.0（一番やさしい）から9.9（最高の難易度）までの100レベルにわけられています。

　これは Flesch 式（FRE）や Flesch-Kincaid 式 Readability のように計算式で算出するものではなく，日本人の多読経験者や指導者が1冊1冊読み，語彙レベル・文法レベル・文の長さ・字の大きさ・文化的背景等全てを考慮に入れてレベルを設定していく方法です。当然個人差があります。そこである一定の基準を設け，複数の人間が同じ本を読み，協議のもとに決定されています。それでも誤差が出るためレベルには幅を持たせてあり，またより信頼性が高い情報が入ればその都度改定されます。YL 設定に参加したのは全て日本人で，ほとんどが日本の英語教育を受けて育ってきているため，この基準は外国の基準とは少々ずれがあるかもしれませんが，少なくとも日本人学習者にとっては本を選択する際に大いに参考になります。

1-2　HW（Headwords）一見出し語

　Headwords とは見出し語のことで，いわゆる語彙レベルを表します。それぞれの GR の裏表紙に書いてある400とか1,200等の数字はその本に使用されている単語の種類です。400（語レベル）とあれば，その本には400の基本単語を何度も使用して書かれているという意味です。ところが出版社によって使用されている基本語彙が違っており，それが非公開であるため単純に見出し語数で難易度を比較することはできません。例えば〈Oxford Bookworms〉1（OBW1：400語レベル）の本が〈Macmillan Readers〉2（MMR2：600語レベル）の本より難しいとか，〈Pearson Readers〉1（PGR1：300語レベル）の本が〈Cambridge English Readers〉0（CER0：250語レベル）の本よりやさしいというような現象が起こってきます。我々，日本の英語教育を受けたものが特にそう感じるのかもしれません。というのは，中学の教科書で使用されている語彙（文科省指定の語彙を含む）が，実際に英語圏で使用される基本語彙と少々ずれているからです。数年前に私が *New Horizon* の教科書で調べたところ，英語圏で使用される基本語の1,000語に含まれていたものは，中学3年間の語彙のわずか3分の1しかなかったのです。この件は改めて調査する必要があります。

とにかくYLを使えば，各出版社により表示されたレベルに差がある場合でも，レベル表記がなされていないLeveled Readers（LR）やChildren's Books（CB）でも大体の難易度の目安がわかり，とても便利です。

語彙レベルに関してひとつ注意すべき点があります。出版社によっては，語彙レベルとTOEIC，TOEFLの点数や英検の級とを対比させた表を，パンフレットや実際の本の説明に書いてあるものがあります。ところが，ほとんどの場合点数や級に対して語彙レベルが高すぎます。例えば，TOEIC 300点または英検4級を取れていれば，1,000語レベルの本を目安に読む，などと書かれたものがあります。これは全く間違いで，1,000語レベルの本を読みこなすには，それ以前に200語，300語レベルから始めて，500，600，700，800語レベルの本を100〜300冊読む必要があるでしょう。

自分でも本を購入して読書をしようという奇特な学生がいるのですが，ほとんどの学生が，「表示どおり買ってみたのに，難しくて読めない」と訴えてきます。実はこの表示は全く日本人学習者の実態を知らないか，希望的観測か，精読のレベルで考えられ

たものなのでしょう。ひょっとしたら，世界中の学習者を対象にしたものかもしれません。とにかく日本人学習者には全く合っていないのです。日本で販売する場合は日本人学習者の実態に合う表示にしてほしいものです。

多読授業を長年続けてきた現在では，共通レベルのYLなしに学習者に本を推薦すると何か重要な情報が抜けたような気になります。

1-3　WC（word count）―総語数

総語数とは，その本の中に出てくる単語を全て数えたものです。例えば'a'や'the'のような冠詞でも，出てくるたびに数えられます。語数を記録する場合はこの総語数を記録し，累計を出していきます。「100万語多読」とはこの累計の100万語のことをいいます。

以前は総語数チェックをするために，クラス全員にひとり1冊ずつ数えてもらったり，放課後，シュークリームをお礼にしてボランティアの生徒に頼んだり，図書館の司書2人に手伝ってもらいながら私自身も数百冊数えました。現在でも，アメリカやイギリスから学習者の興味を引きそうな本を購入してくると，どのクラスでもまずひとり1冊ずつ数えてもらっています。最近は出版社によっては総語数を本の裏表紙や見返しに印刷しているシリーズ（主にGraded Readers）が出てきて（CER, FRL, OBW, PGR, FF），正確な語数がわかるようになり非常に助かります。そのうちに，他の出版社も総語数を表示するようになるのを期待しています。

2　多読用図書の種類

多読用図書は大きく分けて次の5種類あります。

(1) **Leveled Readers（LR）**……英語を母語とする児童・小学生を対象とした英語習得用段階別絵本・学習絵本。
　　Picture Books……いわゆるお話の絵本。
(2) **Graded Readers（GR）**（Language Learner Literature ともいう）……英語が母語でない英語学習者のために語彙・文法・構文を制限し，平易な英文で書かれたもの。古典作品や映画を書き直したものとオリジナル作品とがある。
(3) **Children's Books（CB）**……英語を母語とする主に小学生を対象とした児童書。
(4) 日本の昔話や人気絵本を英訳したもの
(5) **manga**……日本の漫画を英訳したもの

学校の授業では一般的には(1)〜(3)が主に使用されます。最近(4)も増えてきました。(5)は世界中の若者，学習者に人気がありますが，授業で全面的に導入するにはリスクを伴います。以下，それぞれについて詳しく見ていきましょう。

2-1 Leveled Readers（LR）

LRとは英語を母語とする児童・小学生向けの絵本であり，英語の読み書きを学ぶための本（フィクション）や算数・理科・社会の要素などを盛り込んだノンフィクションの学習絵本シリーズ等があります。以下にまず代表的なものを紹介します。

(1) 代表的な LR のシリーズ

・〈Oxford Reading Tree〉（ORT）（図12）

　非常に優れた初歩の英語教材で多読開始時に多くの日本人学習者が使用するシリーズです。英国の80％以上の小学校で使用され児童の識字能力向上に貢献した功績により，作家の Roderick Hunt，イラストレーターの Alex Brychta 両氏はエリザベス女王から勲章を授与されました。Hunt 氏は，元小学校教諭の経験を生かして子どもを引き付ける話を作り，Brychta 氏は様々なトリックを入れた挿絵で読者の興味を引いています。また，同じキャラクターを用いた〈**Decode and Develop**〉，〈**Floppy's Phonics**〉などのシリーズもあり，共通している特徴は次の通りです。

・全シリーズを通して登場人物が同じである
・様々な場面で同じ単語・フレーズ・表現の反復が多い
・徐々に語彙・文法事項が追加され，構文が複雑になる
・全て楽しいストーリー中心になっている

図12　〈Oxford Reading Tree〉4 *Come In*"

外国語の本を読む場合，なじみのない名前がネックになり，話が理解困難になることがありますが，ORTの登場人物は全巻を通して変わらないため読み易く，登場人物に親しみを覚えます。また同じ単語・フレーズ・表現が様々な場面・状況で出現するのは，一対一の訳でインプットするのと違い，英語運用能力を向上させます。レベル1-9（約200冊）を読めば中学3年間の検定教科書より，語彙・文法・構文全て豊富なインプットができ，長い話にも慣れ，Reading Stamina が付きます。最も大切なのは，面白い話と楽しいイラストで大量にインプットされることと，語彙・フレーズ・文法・構文等が全て文脈の中で学習できるということです。まさに楽しみながら英語力を向上させることができるのです。

・〈ORT Decode and Develop〉（ODD）
　文字の読み方の習得を目的としたODDシリーズですが，話をを楽しみながら文字を覚えることができます。Stage 7と9には著者とイラストレーターの日本訪問を元に書かれた話があります。

・〈Longman Literacy Land Story Street〉（LLL-SS）
　LLL（SS）ではORT同様，同じ登場人物が出てきますが本のレベルが上がるにつれてその登場人物が成長していき，その間に深刻な現実的問題に遭遇しながらも（例：赤ん坊への嫉妬・ペットの死等），それを切り抜けていく話が盛り込まれています。これもORT同様非常に優れた教材です。現在Step1-9がCD付，10-12は本のみになっています。
　このORTとLLL 2つのシリーズには大型絵本があり，英語学習初期の小学生や中学生に読み聞かせをする時に使用するのにとても便利です。（2022年7月現在品切）

(2) **主な Leveled Readers（フィクション／ノンフィクション）**

上記2シリーズの他，1冊ずつ話が独立しているものや同じ種類の本を数冊含むシリーズがあります（表9）。

どのシリーズにもたいていフィクションとノンフィクションの両方がありますが，〈**Usborne First Reading**〉のシリーズはフィクションのみで，次のレベル〈**Usborne Young Reading**〉（p.153参照）の導入になります。表に挙げたシリーズ中には，人気のフィクションがたくさん入っています。なかでもICRの〈**Frog and Toad**〉シリーズに代表されるArnold Lobelの作品（これはCDも素晴らしい），英語のことば遊びが満載の

表9　主なLeveled Readers（LR）シリーズ

シリーズ	略語	YL	総語数（概算）	冊数（概算）	音源*	出版社
Oxford Reading Tree	ORT	0.0-1.4	1-1500	228	◎	Oxford University Press
ORT Decode and Develop	ODD	0.0-1.4	1-1500	114	◎	Oxford University Press
Longman Literacy Land (Story Street)	PLLL (SS)	0.1-2.4	15-5200	114	◎	Pearson Longman
Cambridge Storybooks	CSB	0.2-1.0	25-640	72	◎	Cambridge University Press
Usborne First Reading	UFR	0.3-0.9	120-1040	90	○	Usborne, UK
I Can Read Books	ICR	0.2-3.5	75-2800	400	○	Harper Collins, USA
Macmillan Childrens Readers	MCR	0.3-2.0	60-1630	58	○	Macmillan Education
Ready-to-Read	RTR	0.3-2.0	40-2700	370	○	Simon & Schuster, USA
Scholastic Readers	SCR	0.2-2.8	70-3700	200	○	Scholastic, USA
Step Into Reading	SIR	0.2-2.8	50-4600	310	○	Penguin Random House, USA

＊◎はCD付き，○は一部CD付き

〈**Amelia Bedelia**〉シリーズ（すこし難しい），PER の〈**Winnie-the Pooh**〉シリーズ，RTR の〈**Henry and Mudge**〉や〈**Sponge Bob**〉シリーズ，SCR の〈**I Am**〉や〈**Fluffy**〉シリーズ，SIR の〈**Thomas**〉や〈**Pooh**〉シリーズなどは大人気です。これらのシリーズは，amazon.com 上で本文の一部が公開されている本も多いので，是非検索してみてください。

　ノンフィクションの本では簡単な算数・理科・社会の話が混じっています。ICR，PER，RTR，SCR，SIR の各シリーズのレベル3や4になると，かなり難易度が高いノンフィクションものが多く，読み応えはあるのですが比較的語数が少なく（2,000語台が多い）読むのに時間がかからないため，ある程度多読に慣れてきた大学生に好まれています。

　それぞれのシリーズにはレベルもジャンルも多様で様々な種類の本が含まれているため，例えば30人のクラスであれば，ORTに加えてこのLRシリーズが2～3セットぐらいあれば，学習者はスタート時点からレベル1や2の中から自分の好みに合ったものを選び，徐々にレベルを上げていくことができます。

⑶　ノンフィクション中心の **Leveled Readers**
　主にノンフィクションを中心に扱ったものには次のようなシリーズがあります（FF はフィクションもあり）（表10）。
　ノンフィクションはどちらかと言うと男子学生に人気がありますが，〈**Welcome Books**〉（**WCB**），〈**Rookie Readers**〉（**RKR**）の中の Biography，Holiday，Geography，Health，Science シリーズ，〈**ORT: Fireflies**〉（**ORT-FF**）などのシリーズは，読みやすいため男子・女子両方に人気があります。〈**Fast Forward**〉（**FF**）のシリーズはそれぞれの本に CD が1枚ついているので，多聴の授業では大変重宝します。しかもフィクションと

表10　LRのノンフィクションシリーズ（表9以外で）

シリーズ	略語	YL	総語数（概算）	冊数（概算）	音源*	出版社
Rookie Readers	RKR	1.2-2.0	200-600	220		Children's Press
Welcome Books	WCB	0.4-0.6	80-200	150		Children's Press
ORT: Fireflies	ORT-FF	0.1-1.4	30-1800	60		Oxford University Press, UK
Let's-Read-And-Find-Out Science	LRFO	1.4-2.0	300-1500	110		Harper Collins, USA
Fast Forward	FF	0.6-2.9	180-1000	200	◎	Cengage Learning, Australia
Literacy Land: Info Trail	LLIT	0.5-3.0	120-2500	78	◎	Pearson Education
Footprint Reading Library	FPR	2.0-6.0	920-4100	100	◎	Cengage, USA

＊◎はCD付き

ノンフィクションの両方があり，音声のスピードは自然で話があまり長くなく，効果音も入っており学生に人気があります。難点はCDが8センチの小型サイズなのでCDプレヤー（またはコンピューター）によっては，利用できない場合があります。

・〈Let's-Read-and-Find-Out Science〉（LRFO）

このシリーズは，理工学部のライティングの授業で使用したこともあります。各自が好きな本を読み要約してプレゼンテーションをさせたところ，背景知識があるものが多かったので，わりと楽に楽しんで読んでいました。

・〈Literacy Land: Info Trail〉（LLIT）

History，Geography，Scienceの分野が含まれ，それぞれ4段階あります。音声は同じ内容が英語と米語で2回録音されているため，両方の発音の違いがわかり面白いでしょう。入門レベル

図13 〈Literacy Land：Info Trail〉 *Toilet Through Time*

(Beginner) と初級レベル (Emergent) は英語が苦手な人でもわりと楽に読み聴きできますが，中級レベル (Competent) や中上級レベル (Fluent) になってくると話が長くなり，少し難しくなってきます。それでも面白い話が多く，音声もいいのでお勧めです。現在のクラスは法学部であるためか，特に History（歴史物）に人気があり，どの音声にも内容に合った効果音がついているため，とても楽しんで聴いています。（例えば，*Toilet Through Time* では，ページをめくる合図がトイレを流す音になっており，それだけで大人気です。図13）難点は，複数の話が1枚の CD にまとめてあるため，多聴の授業時間に聴かせる場合は工夫がいることです。（2022年7月現在品切）

・〈**Footprint Reading Library**〉**（FPR）**
　"National Geographic" を基にして書かれているため写真が

とてもきれいです。音声は速く，しかも本題に関連した話が追加されているので，耳が慣れてきた学習者にはよい訓練になります。難点は複数の話が1枚のCDに含まれていることです。しかもCDの表面にタイトルが記入されていないため紛らわしく，授業で使用する場合はこれもひと工夫いります。

(4) その他の Leveled Readers

英語圏の小学生用に書かれた絵本で人気が高いのは次のようなシリーズです（表11）。日本語でもそうであるように，やさしいものから大人でも読み応えがある内容の濃いものまでたくさんあります。子ども用絵本は，一般的な日本の教科書には出てこない語彙を含んでおり，読みにくいかもしれませんが，音源付きのものであれば，絵を見ながらお話を楽しめます。名作が多いので，英語学習のためと気張らずに，CDで上手な朗読を聴きながら絵本の世界に浸っていけば，自然と英語が習得できる可能性は大き

表11　その他の Leveled Readers

シリーズ	略語	YL	総語数（概算）	冊数	音源*	出版社／作者
Clifford Phonics Fun	CPF	0.3-0.8	30-220	36	◎	Scholastic, USA
Usborne Phonics Readers	UPR	0.2-0.5	180-200	12	◎	Usborne, UK
Clifford the Big Red Dog	CBRD	0.6-1.0	230-510	60	○	Norman Bridwell
Farmyard Tales Stories	FTS	0.4-0.8	300-400	20		Usborne, UK
Curious George	CG	0.6-2.0	200-2300	45	○	H. A. Rey
Oxford Traditional Tales	OTT	0.0-1.4	3-1400	40	△	Oxford University Press, UK
Mr. Putter & Tabby	MPT	1.0-1.4	550-900	21	○	Cynthia Rylant

＊◎はCD付き，○は一部CD付き，△はダウンロード可

いです。この種類の音声には効果音が入っているものが多く，特にScholastic社やUsborne社の音源付き絵本には楽しいものがたくさんあります。

・〈Clifford Phonics Fun〉（CPF）
・〈Usborne Phonics Readers〉（UPR）
　初期の音声導入をお話の形で行なうのに便利なシリーズです。全体が簡単なお話になっていて，同じ語彙や音の繰り返しが多いので，話を聴きながら自然と音のルールや感覚が身に付き，音と文字との規則的な結びつきも自然と学べるように作られています。フォニックスは児童英語で導入され，よく活用されていますが，中学の英語では時間不足のためか，あまり取り入れられていないようです。このような絵本を利用すれば，お話を聴き読みしながら自然と音と文字の規則を覚えていくので便利でしょう。

・〈Farmyard Tales Stories〉（FTS）
　15cm四方のミニ版でApple Tree Farmでの日常的な生活が描かれており，本国（イギリス）では大人気です。自然な英語で書かれていますが1文1文が短くやさしいため読みやすく，絵がかわいいので，英語が苦手な大学生も楽しんで読んでいます。

・**動物が登場するシリーズ**
　日本の中高生に人気があるのが動物が登場するシリーズです。中でも犬と猿つまり，〈**Clifford the Big Red Dog**〉（**CBRD**）と〈**Curious George**〉（**CG**）のシリーズは子ども時に読んだ経験がある人が多く，ひと目見て飛びつきます。
　CBRDの英語はあまり難しくないため，多読初期でもORTと平行して読む生徒がたくさんいます。CGの英語は決して多読初

期から楽々読めるものではありませんが，人気が高く読みたがる生徒（大学生も）が多いので，そろえておけば少々背伸びしてでも読もうとする生徒が出てきます。〈**Mr. Putter and Tabby**〉（**MPT**）は猫派に受けます。老人と猫の日常生活を描いた心温まるほのぼのとした絵本のシリーズで，人気があります。

・〈Oxford Traditional Tales〉（OTT）

有名な童話が満載で，多くの学習者が子どもの頃に読み聞かせをしてもらったり，絵本で読んだりしているため，どれも人気があります。レベルが10段階に分かれており徐々に難しくなっているので，初心者でも順に読んでいけば楽に読めます。

他にも〈Cambridge Discovery Readers〉や〈Capstone〉のシリーズなど様々な新しい Leveled Readers があります。

> **エピソード** ── ㉛
> ドイツの小学校では英語の絵本を使って英語教育が行なわれている。小学1年生に絵本の読み聞かせをしたり，内容について話し合ったり（ドイツ語で）するうちに，子どもたちが英語を読み始め，小2では英語が読めるようになったという研究発表を興味深く聞いた。(2008, AILA：Association International de Linguistique Appliquee　国際応用言語学会)。

現在，個人経営の児童英語教室では絵本の読み聞かせを行なっているところが多いようですが，是非学校教育でも取り入れて，英語学習初期の小学生・中学生に絵本の楽しさを英語でもたっぷり味わわせたいものです。

多読が進み学習者のレベルが上がってくれば，次のレベルで内

容も年齢相応の本が必要になってきます

2-2 Graded Readers (GR)

　一般には Graded Readers ということばで知られていますが，専門家の間では Language Learner Literature (LLL) とも呼ばれています。これは英語を外国語として学ぶ学習者のために書かれた本で，語彙・文法・構文が制限されており，内容は童話・民話・古典文学などを平易な英語で書き直したものやオリジナルの作品があります。数は少ないですがノンフィクションのシリーズもあります。GRは幅広いレベルをカバーしており，一番初歩のレベルは前述のORTのレベル8や9よりもやさしくなっています。また，レベル1とか2とかの設定は出版社によって様々なので，同じレベルでも難易度がちがいます。

表12　主なGraded Readers (GR) シリーズ

シリーズ	略語	YL	語彙レベル	冊数	音源	出版社
Cambredige English Readers	CER	1.0-6.5	250-3800	95	◎	Cambridge University Press
Cambridge Discovery Education Interactive Readers	CDIR	1.6-4.0	400-2000	96	◎	Cambridge University Press
Macmillan Readers	MMR	0.8-5.0	300-2200	185	○	Macmillan Education
Oxford Bookworms Library（OFFを含む）	OBW	0.8-6.0	250-2500	265	○	Oxford University Press
Oxford Dominoes	ODM	0.9-3.4	250-1000	106	◎	Oxford University Press
Pearson English Kids Readers	PKR	0.4-2.2	200-1200	83	△	Pearson Education
Pearson English Readers	PER	0.8-6.5	200-3300	252	◎	Pearson Education
Pearson English Active Readers	PAR	0.8-5.0	200-1700	63	◎	Pearson Education

Scholastic ELT Readers	SCE	1.0-3.8	300-2000	93	◎	Scholastic, UK
Young Learners Classic Readers	CLY	0.6-2.2	500-2000	60	◎	Compass Publishing
Compass Classic Readers	CCR	2.6-6.0	550-1550	60	◎	Compass Publishing
World History Readers	WHR	1.3-3.2	800-2500	60	◎	Seed Learning
Black Cat Green Apple	BCG	1.4-3.6	–	60	◎	Black Cat (Cideb Italia)
Black Cat Reading and Training	BCT	2.0-6.5	–	136	◎	Black Cat (Cideb Italia)
Foundations Reading Library	FRL	0.6-1.4	75-350	42	◎	Cengage Learning
Cengage Page Turners	CPT	1.2-5.0	200-2600	50	△	Cengage Learning

＊◎はCD付き，○ほとんどCD付き，△ダウンロード可

・〈**Cambridge English Readers**〉（**CER**）

　このシリーズからは毎年質の高い作品が出版され，LLL Award[1]の候補に挙がり，その中から毎年のように最優秀作品が選ばれています。例えば，*Let Me Out*（CER0），*Why*（CER0），*Jojo's Story*（CER2），*Nelson's Dream*（CER6）等，世界中の学習者が選んだ作品はさすがに人気があります。実は，近畿大学の私のクラスの学生も毎年投票に参加して，2007年度は *Let Me Out* を2009年度は *Why* を選んだ学生が圧倒的に多く，最優秀作品に選ばれたと発表すると大いに満足していました。

　多読に慣れてくるとこのシリーズを手に取る学生が増えてきます。ただ，残念ながら他のシリーズに比べると CER は冊数が少なく，一番やさしいレベルも他より難しいようです。これからもっと出版されることを期待しています。

---

[1] LLL Award とは，より優れた Graded Readers 作成を奨励するために，世界の多読実践教師や学者が集う Extensive Reading Foundation（ERF 国際多読教育学会）により2004年に設立された賞です。ERF の代表者が前年に出版された GR の中から優秀作品をレベルごとに2〜3冊推薦し，その後，世界中の学習者が推薦作を読み，インターネットで感想を述べると同時に投票を行なうものです。

- 〈**Macmillan Readers**〉（**MMR**）

旧名称を〈Heinemann Guided Readers〉（HGR）といい，ほとんどの本はMacmillan社から装丁を変えて出版されています。移行後絶版になった本もあり，それは最近のリストには載っていないので，図書館にHGRがある場合はMMRのリストにHGRを追加しておくと便利です。

このシリーズの基本語は他のシリーズよりも多いのですが，決して難しくありません。総語数が増えても文体が難しくないので，MMR2～3はreading stamina（読書の持久力）をつけ，語数の多い本に慣れるのに適しています。MMRの1と2には短いけれども，ユーモラスで皮肉の効いたおもしろい話があります（例：*The Magic Barber / The Lost Ship / The Sky's the Limit / The Truth Machine* 等）。音声に関して言うと，レベル1のCDの音はゆっくりで聴きやすいのですが，初歩レベルからもう少し自然に近いスピードで聴く方が耳の訓練になります。

- 〈**Oxford Bookworms Library**〉（**OBW**）

このシリーズは版が新しくなり，以前は別シリーズであった〈Oxford Fact Files〉（OFF）が組み込まれました（少しサイズが大きい）。学習者はまずOBW0からスタートします。OBW0の中には漫画形式になっているものがあり，英語が苦手な学生でもそれは読みます。ところがOBW0からOBW1へのレベルアップは楽にはできません。OBW1の壁は少し高いようですから他のシリーズ（例えばPER1やMMR2など）を間に入れた方がスムーズにレベルアップできるでしょう。OBW1を読み始めるとまもなくOBW2に進んでいく人がたくさんいます。

音声について言えば，OBW1を読みこなすようになった学生は読むスピードも速くなっており，音声の録音スピードが遅いと

いってあまり聴きたがりません。このことからもわかるように，OBW1の音声は比較的ゆっくりで聴きやすいので，OBW0からOBW1への移行時に音声を利用して聴き読みすれば，OBW1への移行がより早く楽に行なわれるでしょう。

・**Pearson Education**（旧 **Penguin**）の **Graded Readers**

PearsonのGRには〈**Pearson English Kids Readers**〉(**PKR**)（旧 Penguin Kids: PGK）と〈**Pearson English Readers**〉(**PER**)（旧 Penguin Readers: PGR）と〈**Pearson English Active Readers**〉(**PAR**)（旧 Penguin Active Reading）があります。

PKRは児童英語学習者向けに6段階のレベルで作られたもので，ディズニーとのコラボレーションで作成されたシリーズとCLIL（Content and Language Integrated Learning：内容言語統合型学習）を目的としたシリーズに，最近 Roald Dahl の作品が追加されました。ディズニーシリーズは小学生から大学生まで大人気で，Roald Dahl シリーズは大人の学習者にも人気があります。レベル5，6は語彙レベル1000語，1200語，語数は2000語，3000語台と難しくなりますが，みんな話につられて読んでいます。

PERは映画になった作品をやさしく書き直した本やスポーツ選手・映画俳優・音楽家・政治家・企業家等々を題材にした本がたくさんあり，各自の好みに合わせて本を選択することができます。また，同じレベルの本の種類が多いので，LRからGRへの移行時にはPER0が重宝します。

最近PERの人気作品が少しずつPARに移行しつつあります。両者の違いは，内容把握の練習問題が書いてある場所です。PERは最後のページに出ていますが，PARは各章のすぐ後に問題がでてきます。学習者は断然従来のPERを好みます。問題は

飛ばすように指示していますが，読書の途中で問題が出てくると，問題はやらなくも気分的に中断されて読みにくいのだそうです。

　これはPARに限ったことではなく，〈Oxford Dominoes〉（ODM）や〈Black Cat Green Apple〉（BCG）もそうなっています。BCGは特にCDが非常に素晴らしいので，章の終わりとはいえ，話の途中で他の説明や問題が読まれたりすると，折角話に夢中になって話を聴いていたのに，わけがわからなくなると学生は文句を言います。目からでも耳からでも物語に没頭している時は，最後まで読ませたいものです。

　以前から，国内で中学・高校の英語副読本（サブリーダー）として出版されていたものには，章末に理解度チェックや語彙チェックの問題が付いているのが大半でした。国内の出版社だけでなく，わずかとはいえ海外の出版社もこの方式を取り始めたということは，英語教師のニーズがあるのでしょうか。ただ読ませるだけでは英語学習にはならない，理解度チェックや語彙習得確認が必要と考えるのでしょう。学習者の中には，章末の問題で読書意欲を削がれる人も多いので，読書の楽しみを味わうことによって高まる学習者のモティベーションと，教師側の教える満足度とのバランスを取りながら指導を行なう必要があるでしょう。私個人は，英語教育の最終目的は受験や単位習得を超えて言語習得であると考えていますので，読書は純粋に読書として楽しんで行なう方が効果的であると考えています。読書に没頭している学習者を見れば一目瞭然です。

・〈Scholastic ELT Readers〉（SCE）
　このシリーズは，イギリスのテレビドラマや映画を元にした読み物で若者には人気があります。物語に関するFactFileがすべての本についています。

・〈Black Cat Green Apple〉（BCG）

　イタリアの子ども向けに書かれたGraded Readersです。挿絵がきれいで本は他のGRより大型でずっしりしています。音声がドラマ仕立てですばらしく，大人が聞いても十分楽しめますが，章末に問題が付いているのが残念です。

・〈Foundations Reading Library〉（FRL）（図14）

　2006年に出版されたFoundations Reading Library（FRL）シリーズは発売後徐々に全国の中高大生が読み始め，その数はうなぎ登りに増え，現在ではほとんどの多読学習者が一度は手に取る超人気シリーズになっています。全国語学教育学会（JALT）のER SIG（Extensive Reading Special Interest Group）初代代表者であるDaniel Stewart氏はこの現象を多読革新（Stewart, 2008）のひとつに加えています。実はこれには大きなわけがあるのです。次にFRLの特徴と人気の秘密を説明しましょう。

その1．登場人物が全シリーズを通して同じである

　FRLはレベルが1から7まで各6冊，全部で42冊からなっています。上述のORTやLLL（SS）同様，全シリーズに同じ登場人物（ここではティーンエイジャー）が出てきます。しかもこのシリーズには登場人物の似顔絵が最初のページに紹介されているのでとてもわかりやすいのです。ORTやLLL同様，どのレベルにも同じ人物が登場するのは学習者にとっては親近感と安心感があります。つまり，情意フィルター（affective filter）が下がるのです。Stephen Krashen（1992）が提唱した言語習得に関する5つの仮説の1つである情意フィルター仮説（the Affective filter hypothesis）によると，「不安感が低い者ほど言語の習得は進む」というものです。英語のレベルは上がっていってもいつも

おなじみの人物が登場すると，ややこしい名前を覚える不安感なしに「今回は何をやらかしてくれるかな」という期待感のほうが強く出て，どんどん読書が進んでいくのです。

その２．登場人物が等身大の若者である

　実はこのシリーズは最初，教師にはあまり人気がありませんでした。というのは，話がいわゆる古典的な名作とは全然違うのです。登場人物が，大人（特に教師）から見れば眉をひそめるようなことをよくやるのです。例えば，先生のコンピューターから試験問題を盗み出してクラスメートに売りつける，など。ところが，逆にそれが若者には受けているようです。日本の若者からすれば奇想天外なことをする同世代の若者の行動に興味があるのでしょう。読後のひと言感想欄で，登場人物の行動に批判的な反応をする学生が多いにもかかわらず人気が高いのは，最終的にはちゃんと悪いことをしたら罰を受け，いいことをしたら報われるので，安心して読んでいけるのかもしれません。

その３．同じ語彙の出現率が高い

　FRLのシリーズはRob Waring, Maurice Jamall両氏の共著によるものですが，使用語彙を選定したWaring氏は長く日本の大学で教鞭をとり，自ら多読授業を行ないながら，語彙の研究をしています。そのため日本の学生の英語の弱点をつかんでいるのです。ORT，LLL（SS）同様，語彙・文法および構文習得にはきわめて基本的で重要な手法が用いられています。由々しきことですが，この大事な手法は，日本の検定教科書では全く抜け落ちているのです。この手法とは，同じ単語や文法事項・構文を場所や設定を替えて何度も何度も出現させ，自然とその語彙および文法を文脈（context），状況（situation）の中で理解させていく

やりかたです。Waring氏によると，語彙の遭遇頻度と人間の忘却率を考えたとき，新単語を覚えるには20〜30回それを目にする必要があるそうです（使えるようになるには更に多くの遭遇が必要）。このような基本的なことが学校教育でなされていないため，日本の（特に最近の）学習者は語彙力や文法力が弱く，応用力が身に付かないのです。

その4．単語の選択

　FRLのシリーズが英語が苦手な高校生・大学生に人気があるのは内容や長さの割に楽に読めるからです。語彙研究の専門家であるWaring氏はFRLシリーズの対象読者を中学生と想定し，使用する語彙を日本の中学生が学習すべき単語の□から選びました。このシリーズで使用されている単語の90パーセントは中学校の教科書で使用されている単語なのです。英語が大の苦手だという大学生でも，ORT5，6まで読み進めばFRL1に楽に入って行き，レベル5までわりと楽に読み続けています。当初の意図に反して日本での読者は中学生よりも高校生・大学生が多くなりました。それは内容が日本では高校生・大学生向けであることと，中学の教科書に出てきた単語だからといって中学生が習得しているとは限らないということが原因でしょう。

　なにはともあれ，皆が喜んで読む本がたくさんあるのはいいことです。レベル7までの42冊を読破して，もっとないかと尋ねてくる学生が何人もいますが，残念ながら続きは出版されないようです。かわりに出版されたのがCengageのPage Turnerです。

　表13はFRLと他のGRの基本語数及び総語数を比較したものです（基本語数は各出版社で提示されている語彙レベルに基づく）。FRLはレベルが上がり総語数が増えても，基本語数はそれほど増えません。単純に割り算しても基本語が頻出していること

が一目瞭然です。CER0も基本語の使用率は高いのですが，日本の中学で使用されている基本語と語彙が違うためか文章の構成が少し複雑で総語数が多いためか，レベル0とはいえ，日本の学習者はあまりやさしいとは感じないようです。

表13　FRLと他のGRとのレベル・語数比較

シリーズ・レベル	基本語数 (Headwords)	総語数 (word count)
FRL Level 1	75	500- 620
FRL Level 2	100	640- 760
FRL Level 3	150	680- 910
PER Easystarts (PER0)	200	880-1,100
FRL Level 4	200	**1,270-1,430**
OBW Starters (OBW0)	250	700-1,500
FRL Level 5	250	**1,120-1,750**
CER Starter (CER0)	250	1,973-2,000
MMR 1	300	500- 780
FRL Level 6	300	**2,300-2,640**
FRL Level 7	350	**2,280-2,930**

・〈**Cengage Page Turners**〉（**CPT**）

　Page Turnerとはページを繰らずにはいられない，つまり読み出したら止まらないという意味であり，面白い話が満載です。上記Foundations Reading Libraryの著者であるRob Waring氏と作家でもあるSue Leather氏の編集で，様々な作家による1冊で完結する話が多いシリーズです。FRL 7を読み終えた学生に

CPT 1〜3を勧めると，殆どの学生が，「なが〜い！」と敬遠しそうになります。「話は長いけど語彙・構文は比較的やさしいし，話が面白いから，まあ1冊試してごらん」と私に言われてしぶしぶ持って帰った学生は皆翌週2冊目3冊目に手を出します。多読開始2か月目ごろから，CPTレベル1-7（約3,000-8,000語）30冊ほどの本がいつも空になっています。中には長い方が面白いと，レベル8-10（約13,000-18,000語）に手を伸ばす学生もいます。Reading staminaをつけるのには最適のシリーズです。

2-3 Children's Books（CB）

　LRやGRのやさしい本の次に来るのが，GRの高いレベルか英語圏の主に小学校低学年・中学年向けの本（表14）や高学年向けの本（表15）です。次のようなものに人気があります。

・〈**Mr. Men and Little Miss**〉（**MMLM**）
　小型本です。登場人物に様々な形容詞の名前をつけ，その特徴をユーモアたっぷりに表現しており，挿絵もぴったりです。少々表現が難しいものもあるのですが，形容詞の習得に最高の本で大変人気があります。ある同僚がその昔ニュージーランドに留学した時，英語の感覚をつかむために，このシリーズを読むよう現地の先生に勧められた，ということからもわかります。

・〈**Oxford Wolf Hill**〉（**OWH**）
　レベル1が2種類あり全部で36冊になります。ORTの作家によるものなのでORTの絵やイラストに慣れた読者は親しみがあるのか，語数が増えても楽しく読んでいます。学校や地域で繰り広げられる冒険が1冊に1話，読み切りの形で展開します。

表14　総語数　400語前後〜5,000語前後の本

シリーズ	略語	YL	総語数(概算)	冊数	音源	出版社
Mr.Men and Little Miss	MMLM	1.5-2.5	400-3,200	80	○	Egmont Children's Books
Oxford Wolf Hill	OWH	1.2-2.6	1,100-4,500	36	△	Oxford University Press
Oxford Time Chronicles	OTC	1.6-2.6	1,800-3,300	18	△	Oxford University Press
Nate the Great	NTG	1.2-2.5	1,600-4,500	29	○	Marjorie Weinman Sharmat
Corgi Pups	CGP	2.0-3.0	1,500-3,000	30		Corgi Pups
Rainbow Magic	RBM	2.0-2.5	4,000-4,500	150	○	Daisy Meadows
Usborne Young Reading	UYR	1.4-3.0	1,000-7,100	179	○	Usbornem UK
Getting to Know the World's Greatest Artists	GTKA	2.5-3.0	1,000-1,800	48		Mike Venezia
Getting to Know the World's Greatest Composers	GTKC	2.8-3.2	1,400-2,000	14		Mike Venezia
Getting to Know the World's Greatest Inventors & Scientists	GTKIS	2.8-3.2	1,800-2,400	16		Mike Venezia

＊◎はCD付き，○一部CD付き，△ダウンロード可

・〈Nate the Great〉（NTG）

　Nateという男の子が毎回難事件を解決していくという探偵ものでレベルは全冊ほぼ同じ。ORTを終了する頃から軽く読めるため，一気に全冊読破する学習者が毎年数名います。

・〈Corgi Pups〉（CGP）

　イギリスの小学校低学年向けの児童書で，1冊ごとに全く違う話の集まりで，どれも面白く人気があります。1冊に話が複数入っているため，総語数が6,000語を超えているものもありますが，一話はどれも1,500〜3,000語で読みやすくなっています。

152

・〈Oxford Time Chronicles〉(OTC)
　ORT の登場人物が少し成長して新たな冒険に向かう話で，過去の歴史も盛り込んであります。ORT9終了後に読むのにぴったりのレベルです。作家で脚本家の David Hunt 氏はもと舞台監督（Royal Shakespeare Company，蜷川幸雄氏の助監督他）であり，それらの経験を元にした興味深い話もあります。

・〈Rainbow Magic〉(RBM)
　2人の少女が妖精の国を旅する，かわいらしいイラストのファンタジー。男性は振り向きもしないかと思いきや，なんと豊田高専の男子学生に大人気のシリーズです。ドイツの学会で西澤氏がこの話をしたところ，会場は大爆笑でした（IATEFL, 2010）。実は，このシリーズは150冊もあるため複数冊読むと同じパターンの英語とプロットに慣れて読みやすくなるのです。

・〈Usborne Young Reading〉(UYR)
　〈Usborne First Reading〉（レベル1～4）(p.135，表9) の次にくるもので，3レベルそれぞれ61, 63, 55冊あります。カラフルな表紙で読者をひきつけ，きれいなイラストがページをめくらせ，つい読み始めてそのまま話に引き込まれていくようです。CDはとてもよくできているのですが，まだ全部は揃っていません。多聴の時間に自由に本を選択させると，このシリーズを選ぶ学生が男女ともに多いです。CD付きはハードカバーです。

図15　*The Clumsy Crocodile*（Felicity Everett〈Usborn Young Reading〉2）

・〈**The World's Greatest Artists**〉（**WGA**）
　様々な画家の伝記で，絵画の写真やユーモアたっぷりのふき出し付きイラストがあり，話が面白く非常に人気があります。特に絵画に興味がある学習者にはお勧めの作品。

・〈**The World's Greatest Composers**〉（**WGC**）
　こちらは作曲家の伝記です。このシリーズも写真とイラスト入りであり，話が面白く音楽好きには大人気です。画家のシリーズと違い，取り上げている作曲家の数が少ないのがとても残念です。

・〈**The World's Greatest Inventers & Scientists**〉（**WGI**）
　これは発明家と科学者のシリーズですが，何といっても2人のSteve（Steve Jobs and Steve Wozniak）本が引っ張りだこです。

表15 総語数 5,000～20,000語前後の本

シリーズ	略語	YL	総語数(概算)	冊数	音源	出版社
Cam Jansen Mysteries	CJM	1.5-2.5	4,000-6,500	28		David A.Adler
Magic Tree House	MTH	2.4-3.2	4,800-15,500	63	◯	Mary Pope Osbone
Magic Tree House Research Guide	MTH-RG	2.5-3.5	4,000-8,000	43		Mary Pope Osbone
Magic School Bus	MSB	3.0-4.0	6,000-12,000	20		Scholastic, USA
Who Was?	WHOW	2.3-3.8	5,000-11,100	125	◯	Penguin, US (Grosset & Dunlap)
Horrible Histories	HBH	4.5-5.5	18,000-19,600	19	◯	Scholastic, UK
A to Z Mysteries	AZM	2.5-3.0	6,500-10,000	26		Ron Roy
The Zack Files	ZKF	3.0-4.0	5,000-12,500	30		Dan Greenburg
The Boxcar Children	BCC	3.0-4.5	1,700-23,000	161		Gertrude Chandler Warner
Roald Dahl Series	RD	2.0-8.0	1,600-135,000	40	◯	Roald Dahl

＊◎はCD付き，◯一部CD付き，△ダウンロード可

・〈**Cam Jansen Mysteries**〉（**CJM**）

1980年以来アメリカで大人気のシリーズ。カメラ（Camera）で写すような写真的記憶力を持つJansenがその能力を生かして，友人のEricと様々な問題を解決していく話です。

・〈**Magic Tree House**〉（**MTH**）

アメリカの子どもたちに大人気の本で，日本の多読学習者にも人気があります。本好きの兄妹が魔法のツリーハウスを見つけそこで本を開くことによって，様々な冒険に出るという設定で，冒険の舞台から歴史も学べるようになっています。第1巻〜28巻は4巻でひとつの話が完結し，第29〜63巻まではそれぞれ1巻で話

が完結します。1〜28巻は総語数が6,000語台で収まりますが，29巻以降は1冊の語数が1万語を超えます。CDは著者本人が録音をしていて，非常に上手な朗読なのですが，収録の仕方が1CDに1話となっておらず，話が途中で切れて次のCDと交換しなければならないので貸し出し時には工夫が必要です。

　このシリーズは，夏休みや冬休みに最初の28巻を全部読破する学習者（高校生も大学生も）が毎年数名います。

・〈Magic Tree House Research Guide〉（MTH-RG）

　〈Magic Tree House〉の写真や図を入れた資料集として書かれていますが，これが読みものとしても非常に面白いのです。例えばタイタニックの話では，設計者・船長・乗客・船室などの写真や，船の構造や氷山の様子などを説明するイラストがあったり，積荷はレタス7,000個，卵40,000個，ジャガイモ40トンなどと詳しい説明が入っていたり，資料集としても読み物としても抜群に面白く書かれています。

・〈Magic School Bus〉（MSB）

　科学もののシリーズです。アメリカで大変人気が高く，絵本になっているものと，テレビ番組として放映されたものを逆に絵本にしたものと，ここで紹介している Chapter book とがあります。絵本より少々難しくなりますが，説明が詳しく的確で，英語多読を楽しんでいる理科の先生にも大好評のシリーズです。

・〈Who Was?〉（WWS）

　長めの伝記で，様々な分野の人が125名も紹介されていますが，人気が高くてまだまだ増え続けています。ここでも Steve Jobs は人気ですが，表14の WGI とは違う情報が入っています。

・〈**Horrible Histories**〉（**HBH**）

　少しレベルが上がりますが，歴史が好きな人にはもってこいのシリーズです。言葉の遊びが面白く，笑いながら世界史を学べます。教科書には出てこないような内容も満載，イラストも上手い！　BBCでも放映され，英国の子ども達の間で超人気のシリーズです。よく似た作品でHorrible Scienceシリーズもあります。

・〈**A to Z　Mystery**〉（**AZM**）

　小学生の仲良し3人組が身の回りに起こる事件に取り組み解決していく話。タイトルがAからZまでつけられていますが一話完結なので，どれを先に読んでもよいようになっています。このシリーズもMTH同様，長期休暇中にAからZまで全て読破する学習者が毎年出てきます。

・〈**The Zack Files**〉（**ZKF**）

　両親の離婚後，作家である父親と2人で住んでいる10歳の男の子に起こる奇妙な話が満載。大人が読んでも奇想天外な話が面白く，どこからそのようなアイディアが出てくるのか感心します。

・〈**The Boxcar Children**〉（**BCC**）

　孤児院から逃げ出してきた4人の兄弟姉妹が森の中に放置されていた車両に住み始めるところから，Boxcar Childrenと呼ばれるようになります。初刊は1924年で1942年に再発刊されました。時代設定は1940〜1950年代になっていますが，最近の作品は現代に設定されています。初期の19巻のみがGertrude Chandler Warnerによる作品であり，その後の膨大なシリーズ（100巻以上）は，他の作家によって書かれ，名前をcreated by Gertrude

Chandler Warnerとしています。長期的な人気作品で，アメリカの本屋をのぞくと書棚ひとつが全部このシリーズで埋め尽くされていることがあります。

　作家が小学校1年の先生で対象とする読者が2～6年であったためかもしれませんが，各文章が短くシンプルで英語は読みやすく話は面白いです。長い話に慣れreading staminaをつけるのにはもってこいのシリーズです。

・**Roald Dahlの作品（RD）**
　ノルウェー人の両親をもつイギリスの作家Dahlの作品で学習者に一番知られているのは，*Charlie and the Chocolate Factory*ですが，彼の作品は幅広く，子ども向け，大人向け，フィクション，ノンフィクション，詩，テレビや映画の脚本等様々です。子ども向けとはいえ大人が読んでも非常に面白く，どれもお勧めの作品ばかりです。物によっては理解が難しいものもあるかもしれませんが，多読がある程度進んでくれば，中学生でも大いに楽しめる内容なので，短い本から手がけていけばよいと思います。

　イギリスの電車の中で，3，4歳ぐらいの子どもにおばあちゃんと思しき人が，ときどき説明を加えながらDahlの本（絵本ではない）を読んでやっていたのにはびっくりしました。その子はうなずきながら聴いていました。あんな小さい子どもでも理解できるということは，言語の違いだけではなく，育った文化の違いなのかもしれません。

　このほかに10,000語～20,000語前後の〈Amber Brown〉シリーズやUsborneの〈True Stories〉シリーズなど，お勧めの本がたくさんありますが紹介しきれないので，詳しくは『日本多読学会　多読図書YL・語数リスト2022』を参照ください。

3 読書の進め方

3-1 非常にやさしい本を100冊一気に読む

　日本で大学受験をした学生は，英文和訳が習性となっており，英語をみたら即日本語に訳し，その日本語を通して内容を理解しています。これは英語での Reading ではなく翻訳読みです。これでは Reading のスピードは上がりませんし，Reading fluency も向上しません。

　Reading fluency を向上させるためには，訳した日本語で内容を理解するのではなく英語のまま理解できるように訓練していく必要があります。そこで，和訳の癖を取るために，上述の LR や GR のやさしいレベルの本を100冊ぐらい読ませて，英語を英語のまま理解することに慣らします。

　高校生でも大学生でも，やさしい本を100冊読めば英文和訳の癖がほぼ抜けて，英語のままの語順で英語を読み，そのまま理解ができるようになります。そうなると英語を読むスピードも上がり，長い文章の本に移っていっても苦にならなくなります。多読に慣れてくると短い本では飽き足りなくなり自然と長い本を読みたくなる学生が増えてきます。

　面白いことに，英語を習いたての小・中学生のほうがまだ和訳の癖が付いていないので，最初から多読・多聴を始めれば，抵抗なく英語をそのまま受け入れ理解するようになるようです。語彙不足は絵本を用いて補えば，和訳にがんじがらめになっている大学生よりも，多読に慣れるのは速く，しかもかなり速いペースで読めるようになるでしょう。

　高校生・大学生に絵本を読ませるのに抵抗がある人はわりと多

いかもしれません（特に外国人教師に多いようです）。しかし，日本語での読書もしない上，これまで英語を読む（和訳ではなく英語のまま）訓練を受けていない学生は，年齢相応の本は受け付けません。それを補う教材は他にないため，仕方なく高校生や大学生に小学生用の絵本を用いるわけです。多読・多聴を英語教育の最初の段階から導入すれば，高校生・大学生に絵本を使用する必要はないのです。

　では，読んでいる側はどうかと言うと，大半の学習者は絵本や児童書を読むのを楽しんでいます。多読を経験した高校生・大学生は絵本や児童書を通して様々な発見をしているのです。日本語であれば手にとらないような本でも英語であれば抵抗なく読むのです。現職の教師でも学生時代に多読をやったことがある人はほんのわずかでしょう。先生方もこの機会に学生とともに絵本や児童書を読み，新たな発見をしたらいかがでしょう。

3-2　徐々にレベルアップ

　Leveled Readers（LR）のやさしい本を英語で読むことに慣れてきたら，Graded Readers（GR）を導入します。ただ，GRは字が小さいのであまり好まれません。嫌がれば無理強いせずにLRでレベルアップを図り，Children's Book（児童書）に移行してもいいのです。過去にもGRは全く読まずにLRからCBに移行した高校生がいました。彼女は模擬試験の偏差値が急上昇したので，勢いが付いて児童書を読み続けました。

　最初はどのシリーズが好みか本人もよくわからないので，多読に慣らすためにFRLと平行して，MMR1，OBW0，PYR1，2，PGR0，CER0の中から数冊ずつ読ませます。その後で個人の好みが出てきたら，好きなシリーズで続けるようアドバイスします。

同じ出版社の同じレベルの本（しかも同じ作者）を数冊続けて読むと，FRLと同じように，語彙・文体・プロットに共通点があるため読みやすくなるという効果があります。どの出版社も同一レベルでは基本的に同一語彙を使っているので，同じ単語の出現頻度が増え語彙習得も容易になります。

同出版社の同レベルの本を5，6冊（自信がなければ10冊）読み，どの本もwpm（words per minute）がおよそ100かそれ以上のスピードで読めて，しかも内容を理解し楽しんでいれば，次のレベルに進むようアドバイスします。このようにしてレベルを上げていくのですが，もし，上のレベルにスムーズに移行できない場合は，ひとつ前のレベルに戻りまた5，6冊読んでみます。これを繰り返していきますが，もちろん途中でほかのシリーズに移っても大丈夫です。ただ，手当たり次第にレベルもシリーズもばらばらに読んだ学生は，残念ながらあまり英語力が上がっていません（赤尾，2014）。自由に本を選ばせるのが多読の命なのですが，英語習得を目的とした場合，多読初期は，順序だてて読んでいけるようにある程度の制限を設けたほうが多読の進みも速く，効果的です。また，GRと同時に前述の英語圏の児童書を併用すると楽しさが倍増します。

4 読書記録

読書記録をつけることは指導者にとっても学習者にとっても大切なことです。とくに授業外での読書が多い場合は，その学習者がどのようなレベルの本を読んでいるか，どのようなスピードで読んでいるか，理解度はどのぐらいか，楽しんで読書をしているか等々，読書記録を読めばおおよそ判断が付きます。読書記録をつける方法としては次のようなものがあります。

4-1 読書記録用紙

　現在多くの中学・高校では，担当の先生が学習者やクラスの特徴に合わせて読書記録用紙を作成し，記録させています。これには表のみ印刷したブランク用紙と多読用図書のリストを渡して必要事項のみを記入させる方法（隙間埋めシート）とがあります。様式は作成者によってそれぞれ違いますが，記録する内容は基本的に次のような項目です。

- ＊ No.…全体の通し番号
- ＊ 読書日…複数日にまたがった場合は終了日を記入
- ＊ 書名…スペルを正確に，丁寧に書く
- ＊ 本のシリーズ名とそのシリーズ内のレベル
- ＊ YL（読みやすさレベル）
- ＊ 語数…途中で止めたら理由を書き，概算語数を記入
- ＊ 語数累計…毎回累計を出す
- ＊ 読書に要した時間…語数が少ない初期の絵本等は不要
- ＊ スピード（wpm）…総語数÷読書時間〔分〕
- ＊ 興味の度合い…3〜5段階評価
- ＊ コメント…なるべく詳しく内容がわかるように記入

　これらの項目を全て入れるというわけではなく，必要と思われる項目を教師が選択してリストを作ります。これには次のような長所，短所があります。

〈長所〉
- ・学習者の読書後のまとめになる
- ・累計語数が励みになる

- タイトルを書くことによってスペルを覚える（ブランク用紙を使用する場合。スペルミスは指導者がチェックする）
- 教師の指導の参考になる
- 足し算の練習になる（副産物）

〈短所〉
- 用紙を紛失したり破損したりする（←クリアファイルに保管を指示）
- 筆圧が弱くタイトルが判読不可能（男性に多い！）（←ボールペン使用指示）
- 乱筆でタイトル判読不可能（←本人に確かめる！）

4-2　隙間埋めシート（多読用図書のリスト）

　ひとつのシリーズを読ませようとする時，リストに全ての書名・YL・語数を印刷して配布する方法もあります（表16）。面白いことに，隙間を作るのが嫌いな生徒はしらみつぶしに一冊残らず読んでしまうのです。真面目な生徒にとっては一種の動機付けになりますが，これにも長所と短所があります。

〈長所〉
- 読書意欲向上（全冊読もうとする）
- 語数を探す時間節約

〈短所〉
　Cheating（読んでいない本に必要事項のみ記入）しやすい。これは指導者が慣れてくれば実際に読んだかどうかわかるようになります。また，はっきりしない場合は疑うのではなく，また個

表16 隙間埋めシートの例（ORTの全タイトルについて記入できる）

ORT

Oxford Reading Tree (ORT)				Class	No.		Name		
No	Series	Title	YL	Words	Date	Time	WPM	Int.	Comments
1	ORT1	Who is it?	0.1	16					
2	ORT1	Six in a Bed	0.1	19					
3	ORT1	Pancake, The	0.1	16					
4	ORT1	Fun at the Beach	0.1	27					
5	ORT1	Good Trick	0.1	11					
6	ORT1	Floppy Floppy	0.1	10					
7	ORT1+	Hide and Seek	0.1	36					
8	ORT1+	Look at Me	0.1	33					
9	ORT1+	Go Away, Floppy	0.1	24					
10	ORT1+	Reds and Blues	0.1	30					
11	ORT1+	Big Feet	0.1	40					
12	ORT1+	Kipper's Diary	0.1	40					
13	ORT1+	Go Away, Cat	0.1	33					
14	ORT1+	Go On, Mum !	0.1	44					
15	ORT1+	Look After Me	0.1	41					
16	ORT1+	Presents For Dad	0.1	49					
17	ORT1+	Reds And Blues	0.1	33					
18	ORT1+	Top Dog	0.1	42					
19	ORT1+	What Dogs Like	0.1	34					
	ORT1	Total Number of Words		578					
20	ORT2	Creepy-crawly!	0.2	73					
21	ORT2	Monkey Tricks	0.2	69					
22	ORT2	Naughty Children	0.2	73					
23	ORT2	Hey Presto!	0.2	86					
24	ORT2	Sinking Feeling, A	0.2	57					
25	ORT2	It's the Weather	0.2	58					
26	ORT2	Little Dragon, The	0.2	89					
27	ORT2	Lost Puppy, The	0.2	65					
28	ORT2	New Trees	0.2	87					
29	ORT2	Band, The	0.2	66					
30	ORT2	Up and Down	0.2	55					
31	ORT2	What Is It?	0.2	66					
32	ORT2	Hole in the Sand, The	0.2	78					
33	ORT2	Big Egg, The	0.2	69					
34	ORT2	Present For Mum, A	0.2	77					
35	ORT2	In a Bit	0.2	83					
36	ORT2	Poor Floppy	0.2	77					
37	ORT2	Put It Back	0.2	93					
38	ORT2	New Dog, A	0.2	55					
39	ORT2	What a Bad Dog!	0.2	56					
40	ORT2	Go-Kart, The	0.2	49					
41	ORT2	Toy's Party, The	0.2	51					
42	ORT2	New Trainers	0.2	36					
43	ORT2	Dream, The	0.2	56					
44	ORT2	Floppy's Bath	0.2	57					
45	ORT2	Water Fight, The	0.2	66					
46	ORT2	Kipper's Balloon	0.2	62					

人を特定しないで，クラス全体に，多読をするのはあくまでも本人のためであるから，正直な報告をした方が学習効果も上がる，というようなことを話します。

4-3　読書記録手帳

　上記の4-1，4-2の方法でなく，『読書記録手帳』（コスモピア）を持たせて読書記録をつける方法もあります。これは300冊の記録がとれます。読書記録手帳の長所・短所には，次のようなことがあります。

〈長所〉

a) 多読記録紛失が減少する

　最近の学生は信じられないほど物を紛失します。読書記録用紙を作って配布すれば必ずクラスの数人が紛失します。読書記録手帳は有料（600円＋税）で，B6サイズで厚みが1センチあるため，紛失は少ないです（ゼロではない！）。

b) 手帳の後半に主要多読用図書リストあり

　学習者が多読を始めると多読用図書に関する情報が必要になり，また様々な本に関心も持つようになります。読書記録手帳の後半には図書紹介ページ（約90ページ）があり，出版社・シリーズ・読みやすさレベル（YL）・総語数・ジャンル等の項目をもつ約3,000冊の多読用基本図書が紹介されています。学生はそれを参考にして，本の選択をしたり，記録をとったりします。一般に個人の本や学部の本にはそれぞれのシリーズや語数の情報を書いたシールを本の表紙に貼り，学生はそれを参考にすることができますが，普通，図書館の本にはシールを貼ることができないため，

本を選択する際にこの図書紹介ページが大いに役立ちます。語数がわからない本は読みたがらない学生が多いのです。

　ただ，読書記録手帳は毎年新しい本のリストが加わると，ページ数の制約から絶版の本が削除されます。ところが本自体は一度購入すれば何年も使用されるので，その本の情報は必要なものなのです。そこで私は，学生がよく読む図書館の本（HGR，PGR，LLLなどで絶版の本）のリストを作りプリントして配っています。

c）読書記録による指導が容易になる

　読書記録手帳に記録をとれば300冊分の記録が残るため学習者の過去の読書歴を常時参照することができ，指導に大いに役立ちます。学習者の読書歴を全て頭に入れるのは不可能なので，常に読書記録手帳を参考にし，同時にコメントも書き込みながら指導を行ないます。それまでどのような本を読んだか，どのような読み方をしてきたか，同じレベルの本をどのくらい過去に読んでいるか等々，この記録手帳でよくわかります。

〈短所〉

d）重い

　以前はクラス全員の多読記録手帳を集めて，チェックしていましたが，通常の授業用教材に加えて30〜50人分の手帳を運ぶのは結構重いので，台車を借りて運んでいました。

　最近では1ページ（10冊）読むごとにコピーして提出するよう義務付けていますので，その問題は解決されました。

e）学習者の出費発生

　たとえ数百円といえども，多読を行なっていない他のクラスよ

り余分なお金の支払いを嫌がる学習者がいます。また，学校によっては生徒・学生に購入させ得る教材の金額に上限があり，手帳購入が不可能なところもあります。一番つらいのは，必死で授業料を稼ぐべく働いている学生たちに余分な出費をさせることです。そのような場合は，後半の図書紹介の部分を除いた，1冊150円で300冊記録できる廉価版（100冊単位で購入すれば1冊100円）を使用し，図書リストを配布する方法もあります（SEG Bookshop）。

結局，どれにも長所・短所があるため，指導者と学習者に一番合うものを使用するのがよいでしょう。多読記録用紙にはまだ工夫の余地があります。

5 図書入手方法

5-1 購入

多読用図書の入手方法は，少量であれば色々ありますが，学習者が多く大量になってくると，やはり学校の公的図書予算に頼るしかないようです。現在多読指導を行なっている人は次のような方法で本を手に入れています。

a) 公的予算
 ・図書館で購入
 ・中・高の英語科／大学の学部の予算で購入
 ・PTA予算で購入
 ・研究費で購入

b）教材費
- 学習者から教材費として集金。数シリーズを一括購入して回し読み
- 学習者に指定本のリストを渡し，その中から別々の本を購入させ回し読みする。最後にその本を寄付してもらい，次年度に使用すれば，徐々に使用できる本が増えていく。ただし，強制は不可で，希望者には持ち帰らせる
- 学生に大学生協で図書クーポンを購入させる。指導者はその費用で一括購入し教室で回し読みさせる

c）努力と知恵の予算
- 科学研究費／教育委員会特別研究費
- 懸賞論文の懸賞金（例：英検助成金）
- 100冊多読や出版社主催の感想文等に応募
- 本のモニターをする

d）肉体労働で現物収集
- 出版社主催のセミナー／ワークショップに出席
- 学校に送られてくるサンプルを利用
- 学会でサンプル収集（例：JALT の ER グループ発表会場）

e）太っ腹予算（あるいは昼食抜き予算）
- ポケットマネー

f）共同購入
- 指導者間で仲間を募って共同で図書購入

　多読用図書の入手方法は，学校図書館や英語科・学部の予算が

あればそれで購入してもらうのが一番です。大学図書館は中・高と比べて予算が大きく、20万円程度の図書予算は毎年計上してもらえるでしょう。ただし、大学図書館によっては、多読用図書購入を受け付けないところもまだあるようです。購入したとしても、同じ本を複数冊購入しない方針のところもあります。中・高の英語科の予算や大学の研究費も限られていますので．図書購入には十分ではありません。ポケットマネーにも限度がありますし、皆涙ぐましい努力をして学習者用に多読用図書を集めています。

　私は上記の様々な方法を試してきましたが、やより図書館購入の本が圧倒的に多く、これは多読授業には欠かせません。図書館に購入依頼を出すときは、過去の学生の図書利用実績データや多読用図書を利用して行なった研究論文などを持っていき、説得する材料とします。図書館によっては、シラバスに学生の参考書として書名やシリーズ名を書いておけば、購入してもらえることもあるのでそれを活用することもあります。それが効を奏したかどうかはわかりませんが、幸いこれまでの勤務校ではどの図書館も協力的で、数回足を運んで最終的には学生が十分に読めるだけの本を購入してもらいました。ところが毎年多読を行なう学生（他のクラス）が増えるため、現在の勤務校では図書館詣ではいまも続いています。

5-2　日本多読学会図書貸し出し　※2022年7月現在中止

　多読用図書を購入できない場合や本が十分にない場合、非常に有効なのは日本多読学会の貸し出し本です。毎年、多読学会費（4,000円）に加えて多読図書研究会費（6,000円）を支払った会員に3月と9月に貸し出しが行なわれています。現在、約340セットの様々なレベルの様々な種類の本があるため、希望者は自

分の学習者のレベルや好みに合わせて借りることができます。毎年新しいシリーズが購入されるため、学習者のみならず会員自身が新しい教材を研究し、多読授業に備えるために読むことができるのも魅力です。

　実際に個人で、あるいは図書館で図書を購入する前に、そのシリーズが学習者のレベルや興味に合っているかどうかを確かめるために、多読学会からセットを借りてモニターしたり教材研究したりすることもできとても便利です。詳しくは日本多読学会のウェブサイト（http://jera-tadoku.jp/）をご覧ください。

6　図書管理者および保管場所

　図書管理には皆頭を悩ますところです。私が関西大学での多読ワークショップと東京での多読学会の参加者に対して2005, 2006年に行なった教師用アンケートで、多読導入後の回答者からは図書管理が大変だという声が多く出ました。

　図書保管場所によって管理責任者が違ってきますが、現在は次のような管理者および保管場所が考えられます。

6-1　図書館

　図書館所有の本は当然、保管も管理も図書館に任せます。多読用図書が図書館で管理されれば、多読指導者の負担が大幅に軽減されますし、学習者はいつでも利用することができます。以前、高校生にアンケートをとった時、図書館に本を借りに行くのが煩わしいと答えた生徒はいませんでした。ところが大学生は毎年必ず数名が図書館に行くのを煩わしがります。恐らく、一般に高校の図書室は教室と同じ校舎内にあり、図書室自体があまり広くな

いこともあり，本を探すのにも借りるのにも時間がかからないため図書館利用が苦にならないのでしょう。一方大学の場合，たいてい図書館は独立して別棟にあり，中は広く，目的の本にたどり着くまでに時間がかかる，ということかもしれません。どちらにしても，多読用図書が図書館で管理されれば，学習者は図書館に足を運び，他の興味を引く本も目にする可能性があり，本に親しむようになるかもしれません。指導者は図書管理にかかる時間を学習者指導などに回せることになります。

6-2 研究室・教員室

　図書館の次に利用されるのが研究室あるいは教員室です。ひとりで使用できる研究室ならば問題ないのですが，共同の研究室，教員控え室，講師室，または職員室などを図書保管場所使用することもあります。図書が少なければあまり問題ないのですが，多くなると場所をとるので同僚に気兼ねします。

　当然教師が本の管理をしなければなりませんので，これにも手間がかかります。このような時はクラスでボランティアを募れば，必ず数人手を挙げてくれます。（せめてものお礼にチョコレートやキャンディーを用意しておくことにしています。もちろんそのようなことをしなくても，気持ちよく手伝ってくれる学生はたくさんいますが。）

　研究室や職員室に本を置いて貸し出す場合は次のような長所・短所が考えられます。

〈長所〉
- 学習者は授業中での貸し出し時よりじっくり本を選べる
- 学習者は教室に運び込まれる本以外の図書も借り出せる

- 学習者一人ひとりの相談に乗りながらより効果的な多読指導ができる

〈短所〉
- 担当教員がいない時は貸し出しができない
- 常に学生が出入りするため，指導者の仕事が中断される
- 書類（答案・成績など）の管理をより厳重にする必要がある
- 多読図書が増えると，部屋が狭くなる

以前の勤務先（近畿大学法学部）では，幸いなことに研究室が2つに分かれており，学生がドアを開けて入ったすぐの部屋に多読図書を入れたキャビネが2つ，テーブル・椅子がありました。その奥が多読授業を実施している同僚と私の研究室です。部屋の前面がガラス張りで，学生が入ってくるとすぐわかるようになっているのでとても便利です。図書の管理・貸し出しは2人で協力しながら行なっていました。

6-3　倉庫，空き部屋，車のトランク

多読用図書が多くなると，教員室には置けなくなり，学内の倉庫や空き部屋を利用している人もいます。その場合は，図書も多いため台車に載せたまま倉庫で保管し，授業前にそこから台車ごと取り出して授業に向かっています。

大量の本を複数の学校で使用しているため，車のトランクを多読用図書保管場所としている熱心な非常勤の先生もいます。

6-4 その他の場所

　多読教室を設置して多読図書のみを保管し，学生はいつでもそこで本を読んだり借り出したりできるようになっている大学があります。そこで貸し出し作業をしているのはアルバイトの学生や外部の人です（京都外国語大学，名城大学）。理想的な形です。

　また，本来，図書館は学習者のためのものですから，図書館利用率をぐんと跳ね上げる多読用図書は図書館にとってもプラスになるものではないかと素人的に考えるのですが，必ずしもそうではないようです。また，公立の中高では図書館に司書がいなくて，普通教科の先生（国語の先生の場合が多い）が図書館の責任者であることがあります。そのため，図書館に手間のかかる多読図書を置いたり，図書館で多読授業を行なったりすることなど，全く不可能だそうです。それどころか，その先生の授業があるときは図書館は閉まっていて，お昼休みと放課後しか利用できないということもあるようです。公教育での図書館のあり方を再検討してほしいものです。

〈まとめ〉

　第5章では今まで私が使用してきた様々な多読・多聴用図書，また日本多読学会員がよく利用し，人気がある本のシリーズなどを紹介しました。現在でも新しい図書の種類はどんどん増えつつありますし，レベルが上がれば面白い本が山のようにあります。あまり種類が多くてどれを選んでいいかわからない場合は，まず基本的に多くの学習者に読まれている本を試してみてください。なにはともあれ，指導者が色々な本を読んでみればおのずと自分の学習者に合う本がわかるようになってきます。

6 うまくいかない多読・多聴指導
——原因とその対処法

　図書を十分にそろえて，多読・多聴指導をスタートしても，うまく軌道に乗らず，なかなか成果が上がらないことがあります。第6章では，多読がうまくいかない場合の様々な原因とその対処法について述べます。

1 うまくいかない多読の問題点と解決法

　今まで多読の効果をいろいろと述べてきましたが，それはあくまでも多読指導が成功した場合であり，中にはうまくいかない場合もあります。そのような時，その失敗の原因を探ろうとしないで，「多読はあまりよくない」と結論付ける教師もいます。どんなにすばらしい教授法であっても，うまく運用しなければ失敗することがあるように，多読を行なってもやはり思ったほどには生徒の学力が伸びないとか，世間で言われているほど生徒が本を読まないとか感じることがあるかもしれません。それには必ずさまざまな原因があるのです。この章では失敗しがちな多読指導の特徴とそれをどう回避，あるいは克服するか，それぞれの解決法を述べます。その上で次の第7章で成功例をいくつか紹介しましょう。

1-1　学習者に起因するもの

(1) 読書時間不足

　前述したように，最近は読書の習慣を持たない若者が多い上に，中高生も大学生も英語以外の学習を含め，様々な理由で忙しくて読書の時間が取れないと言います。以前に教えていた高校では，好奇心旺盛でやる気があるため学校行事や課外活動など何にでも積極的に参加し，素直で真面目なので全ての宿題をきちんとこなし，読書は好きだから最後に残しておいたところ結局読書の時間がとれなかったと言ってきた生徒も数人いました。また，読書を宿題・課題として与えても，漢字のプリントとか数学のプリント等のように目に見える形では成果が現れないので，やる気が起こらず手を抜きがちな学習者がいるのも事実です。

　このような場合の対処法で一番効果的なのは，やはり授業内多読（SSR）です。授業時間中に読書時間を与えれば，真面目な学習者は当然真剣に読書に取り組みます。クラス全員が一斉に読書をするため，やる気のない学習者でもクラスの雰囲気に刺激をうけ，つられて読み始めます。SSRはどのような学習者にも読書の機会を与え，読書に引き込みます。

(2) 日本語での本の虫

　ハワイ大学のRichard Day氏によると，母語でよく読書をする人ほど外国語でもよく読むとのことです（2008, JALT（全国語学教育学会）での講演）。ところが私が教えた高校生の場合は英語での読書量と日本語での読書量が比例しませんでした。母語での読書好きが災いして，英語の多読に取り組まない学習者がいたのです（Takase, 2003）。本の虫にとっては，多読初期に読む内容の薄い英語の本よりは，深く味わえる内容の濃い日本語の本に

食指が動くのは当然のことです。ところがそれを放置していては英語多読による学習効果は上がりません。そこで，授業中にSSRの時間を与え，その時間は必ず英語の本を読ませるようにします。授業中に周りが皆英語の本を読めば，最初は不本意ながらも英語の本を読まざるを得ません。そうするうちに多読が進み英語力が伸びて，英語での読書にも楽しみを見出せるようになるのです。一方，大学生の場合は，英語でよく読む学生は日本語でも読書家が多いようです。つまり英語力が十分付いていない場合はあまり深い内容の本が読めないため，日本語で読むほうを好みますが，ある程度英語の読書に慣れてリーディング力が伸びてくれば，日本語での読書家も英語の本を手にとって楽しむようになってくるのです。現に，日本語での読書家が英語の多読にはまっていくのを毎年目にします。

(3) プライドが高い学習者

　大半の学習者は平易な英語で書かれている本を勧めると喜んで読むのですが，中には，プライドを傷つけられる学習者がいます。これは男子学生や英語に自信を持っている人に多く見られます。どうしてもやさしい本を読もうとせずに背伸びしてしまうのです。このような場合は強制せずに，自分で気づいてレベルを下げるまで気長に待ちます。ほとんどの場合，読んでいて楽しくないため自分が楽に読める程度まで本のレベルを下げてきます。そうなればしめたもので，その学習者が楽に読める本に出会うと，わき目も振らずに読み進め，あとはどんどん伸びていきます。先生に言われてやさしい本に手を出すのはプライドが許さないけれども，自分で納得して自らその本を選択するのは強力な動機付けとなり，そのためいっそう読書が持続するのです。結局，その方が英語力も伸びていきます。

エピソード ── ㉜

2008年に多読を行った大学生の中で、特徴的な8人の読書結果と EPER クローズテストの結果を検証してみよう。表17と図16は事前・事後 EPER テストのスコアと読書冊数・読破語数、および前期・後期に読んだ本の1冊平均語数と年間平均語数を表す。

表17　EPER テスト得点の伸びと読書量、および1冊の平均語数

学生	Pre	Post	伸び	冊数	語数	(前)語／冊	(後)語／冊	年語平均
A	5	29	24	211	124,417	247	911	590
B	11	33	22	267	198,266	129	1,605	743
C	6	6	0	165	353,329	1,793	2,650	2,141
D	11	8	−3	141	192,500	793	4,303	1,365
E	30	46	16	116	275,976	725	7,488	2,379
F	26	37	11	117	410,231	2,195	13,153	3,506
G	28	29	1	165	544,870	3,425	3,092	3,302
H	25	26	1	109	325,666	926	23,404	2,988

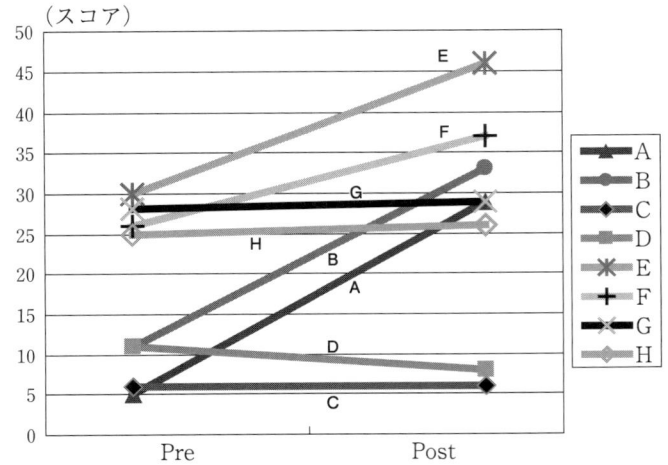

A, B, C, D：英語が苦手な学生／E, F, G, H：英語が得意な学生

図16　事前・事後 EPER クローズテスト結果

英語が苦手な学生Ａ，Ｂは前期にやさしい本をたくさん読み，後期は徐々にレベルを上げていった。事後テストは非常によく伸びた。一方，Ｃ，Ｄは英語が苦手であるにもかかわらず最初から本人のレベル以上の本を選択し，後期はさらに本のレベルを上げた。事後テストは伸びなかった。また，英語が得意な学生Ｅ，Ｆは前期は本人にとって比較的やさしい本を読み，後期は徐々にレベルを上げていった。事後テストはよく伸びた。英語に自信があったＧは最初から少々高いレベルで読み始め，レベルを変えなかった。逆にＨは後期急激にレベルを上げすぎた。両者ともわずか伸びただけであった。結局，内容理解が容易なレベルの本をたくさん読み，徐々にレベルを上げていった学生が事後テストでよく伸びている。

1-2 指導者に起因するもの

(1) **自らは読書をしないで指導を行なう教師**

　多読が英語運用能力向上に効果的であると聞き，英語の本にはあまり目を通さないまま早速指導を始める人は，うまくいかない場合が多いでしょう。多読用図書は教材です。教材を読んでいなければ，的確なアドバイスもできないので結局指導もしにくくなるわけです。担当する学習者が読むレベルのものや，人気がある本，多読図書としてよく使用される本などはできるだけ読んでおいた方がよいです。全部読んで始めなくても，ある程度読んだらスタートし，あとは学習者と一緒に読んでいくこともできます。

(2) **読書嫌いの教師**

　多読指導者があまり読書を好きでないという場合は，多読用図

書を読むのが苦痛で、多読授業が長続きしない場合もあります。本を薦める声に学習者を読む気にさせるだけの熱意が感じられないのかもしれません。多読指導を行なっている指導者を対象にアンケートをとったところ（Takase & Uozumi, 2009）、約88％の人が読書好きであり、半数以上の人が、学生時代（主に大学時代）に多読の経験があるという結果が出ました。もともと読書が好きだから多読用教材も生徒と同じように楽しんで読み、指導もしやすくなるのです。ただ、多読授業をするために英語の本を読んだところ本が好きになり、それが日本語の読書に移行したという人もいるので、読書嫌いは食わず嫌いかもしれません。多読指導をきっかけに指導者も学習者とともに読書好きになればよいですね。

(3) 教師主導（Teacher-centered）の授業形態を好む教師

多読授業における教師の役割は通常の英語授業での役割とは少々違います。まず教師は教師（teacher）ではなく指導者（instructor / coach）であり、学習者が読書を進める手助けをする役割を担っています（facilitator）。それに慣れなくて、今までどおり、教師主導で教えようとすると失敗します。あくまでも主体は学習者なのです。学習者が好みの本を選択し、自ら読書を楽しむことによって、モティベーションが高まり、学習効果も上がってきます。つい教えたくなる気持ちをぐっと抑え、質問されたら助言する程度に留めておき、自ら学ばせるようにうまくリードしながらあくまでも学習者を見守っていくことが大事です。

上記のアンケートで、外国語教育において何が一番大切だと思うかという質問に対しては、学習者との信頼関係を挙げた回答が一番多く（88％）、ついで学習者の進歩を根気よく見守る（39％）というものでした（2つ選択）。また、外国語教育を行なう上で教師が避けるべきこと、という質問に対しては、学習者に暗記や

正確さを強要しない（73%），という答えが多く出ました。多読授業を行なっている教師は，伝統的な教師主導（Teacher-centered）型の授業に対して，学習者主導（Learner-centered）型の授業形態の必要性を理解しているようです。多読授業を行なった結果，このように変わっていった人もいるかもしれません。

(4) **読書を強要する教師**

　実は，私も時々学習者に読書を強要することがあり，反省しています。多読の効果を上げるためにはたくさん読むのが最低の条件です。そのため私は学習者にいかにたくさん読ませるか常に考え，毎年試行錯誤であれこれ行なってきました。あるときは毎学期の目標を作ったり，各自で読書冊数や語数の目標を立てさせたり，クラス全員の読書量をリストにして配ったりしながら，モティベーションを高めるためのための努力をしてきました。ところがやりすぎると，自発的に読書をしている学習者の読書の楽しみを削いでしまう恐れがあります。時には「課題だから仕方なく読んでいる」とか，「読書を強要されるのは不本意だ」（こういう学生が必ずしも自主的に読んでいるわけではない）との意見も出てきます。ただ，「強制されるのはいやだけれども，強制がなかったら（授業の課題でなかったら）読まなかったかもしれない」というようなコメントも毎年数名の学習者から出てくるということは，やはり強制ではなく，相手を見ながら強く励ますこと（strong encouragement）が必要ですね。

　最初の数ヶ月は少々強要しても，英語での読書に慣れてくれば，大半の学習者は自ら読み進め，読書を楽しむようになります。「最初は単位取得のため，あるいは授業の課題だから読書を行なっていたが，そのうちに読むのが楽しくなった」というコメントが毎年出てきます。そうなればしめたもので，あとは見守るだ

けです。大事なことはやはり学習者の反応をよく見ながら，臨機応変に指導を行なうことでしょう。

(5) 放任主義の教師

上記の(3)とは逆に，自由に読書をさせようという気持ちが強いためか，多読指導に慣れていないせいか，中には全く何の指導もせずにただ学習者が読みたい本を自由に読ませるだけ，という教師もいるようです。多読に慣れていない学習者は図書の選択を誤る可能性が大きく，自分の英語力以上の本を選択したり，逆にステップアップをしないで楽な絵本ばかり読み続けたりします。また，それまで慣れ親しんできた日本語訳をしながら読んだり，従来の一語一句に注目しながらの精読的な読み方をしたりする学習者もいます。そのような学習者には指導が必要なのですが，それをしないで自由に読ませていると，多読の効果が上がりません。

多読授業の特徴は「学習者主導の読書」ですが，それを履き違えて読書中におしゃべりしたり勝手に歩き回ったりする生徒がいれば，放任しないで教師が厳しく指導しなければなりません。周囲がうるさければ，読書に集中できませんし，また多読授業自体，不評を買う恐れもあります。もし図書館での読書中に騒ぐ生徒がいれば教室で多読を行なうなどの工夫が必要です。英語学習の一環として多読を行なう場合は，読書指導と同時に授業管理も行ないながら，多読の学習効果を上げていく必要があります。

1-3　同僚の態度に起因するもの

(1) 多読反対の厚い壁

多読授業を行なっている教師から研究会やセミナーでよく耳にするのは「同僚が多読に反対」に始まり，「先生は仕事をしてい

ない」「授業をせずに本を読んでいる」「生徒に本を読ませて楽している」などと非難される，ということです。このようなことを言う人は多読指導の実態を知らないのです。実際の多読指導は，決して楽ではなく通常の授業以上に準備や指導に手がかかります。それを同僚にそれとなく見せたらいかがでしょう。実際に同僚の前で本の整理をしたり学習者のコメントを読んだり，読書記録の集計や英語力の伸びなどを表やグラフにして，皆の見えるところに貼ったりすれば，教師が楽をしているとは思わなくなるでしょう。また，学習者の楽しそうな読書風景や英語の伸びなどを，気の合う同僚に常日頃から話すのもいいかもしれません。自分で話すよりその人から多読の効果の話が広がればしめたものです。

　私自身もいろいろな非難（特に「やさしい本を読ませている」という批判）を受けていたようですが，読書中の学習者の楽しそうな顔や真剣な顔，多読の時間を楽しみにしていそいそと図書館に来る様子，どんどん読書スピードが上がり，本のレベルを上げていく学習者，模擬試験の英語の偏差値が急上昇してびっくりしている生徒，嫌いだった英語が好きになっていく学習者などを見ていれば，このような非難は耳に入ってきません。学習者に目を向けて，様々な非難には馬耳東風でいきましょう。

　同僚の中には，賛同する様子を見せなくても，学習者の様子や指導法を興味を持って観察している人が必ずいるのです。ある時その人たちが突然「多読指導を始めようかな」などと言い出して，喜ばせてくれることもありますよ。

(2) 多読の効果を認めたがらない同僚

　情けないことにこの世の中には，決して他人の努力や成功を素直に認めたがらない狭量な人がいます。前述の教師に対するアンケート（Takase & Uozumi, 2009）に，「多読が成功して，一層同

僚の反発が強くなった」という記述がありました。このように，同僚の成功に対してやっかみの気持ちが出てくることもあるようです。前任校でのことですが，高2の時に多読を行なわなかったトップ2クラスの高3生の SLEP テストの得点が両クラスとも，多読を行なったどの年度の高2生の得点より下回った結果を数字で示しても，多読の効果を認めなかった同僚がいます。

　これは明らかに多読授業が成功しているという証しなので，なお一層多読指導を楽しんで行ないましょう。研究会などで発表すれば，きちんとしたデータに基づく統計的数字は認められるので，外部に多読の効果を発信していくのもよいかもしれません。

　嬉しいことに，上記のアンケートでは同僚が協力してくれるようになったという記述のほうが多かったので，周りを気にしないで，まずは学習者の顔だけを見て多読指導をやり続けるのがよいでしょう。

(3) 学習者の足を引っ張る同僚

　多読の効果を認めないだけならあまり害はないのですが，非常に由々しきことに，中には学習者の足を引っ張る人もいるのです。多読授業を受けている生徒に対して別の教師が，「そんなやさしい本を読んでも入試には通らない」などと言い，せっかく生徒が楽しく読書をしているのに水を差すような発言をする場合があります。そうすると生徒はとたんに自信を失い多読に対して懐疑的になります。親が担任の教師の悪口を言うのと同じで，生徒にとっては最悪の結果になります。発言した相手がわかれば直接抗議するのが一番よいでしょう。その時，多読の成功例が書いてある論文などを見せるのも一案かもしれません。もっともそのような人は他人の論文など読まないかもしれませんね。その場合は，学習者本人に，多読で英語力が向上した例をいくつも紹介する方

が効果的です。学習者自身がある程度多読を行ない,その効果を実感するようになれば,もう心配要りません。足を引っ張る言葉にはもう惑わされなくなります。

2 学校・組織のサポート体制

2-1 管理職を味方につける

多読に限らず何でもそうですが,文科省・教育委員会・学校等の管理者側のトップダウン方式は,それがどんなにすばらしい指導方法であっても現場で必ずしもうまくいくとは限りません。それよりも常に生徒と接している現場の教師から出てきた指導法にはすばらしいものがあります。それを学校や組織(例えば英語科など)がサポートしてくれればいいのですが,必ずしもそううまくいくとは限りません。認識・教育理念の違い,予算不足,他学科との兼ね合い等の様々な理由で賛成されない場合があります。

管理者が多読授業の効果を理解して多読授業をトップダウンで進めるところは非常に稀で,通常は逆に現場の教師が多読の効果を信じまたは実感し,管理者側に多読用図書購入を申請するのです。

多くの場合管理者側は,実績が伴えば予算を出すという姿勢のところが多いようです。特に最近では多読の効果があちこちで報告されていますので,実際に多読で生徒の成績が上がったとか,授業崩壊寸前のクラスで生徒が読書に取り組みだした,などの効果が上がれば,図書予算確保は難しくないようです。細々とでもまずは自ら多読指導を始めて実績を出し,管理職に報告するのがいいでしょう。学習者が嬉々として図書館に通ったり,真剣に読

書を行なったりしている姿を管理職に見学してもらい，多読の効果を宣伝するのも一案です。学習者が多読の楽しさなどを知り合いの先生や管理職に話す場合もありますが，これも効果的ですね。いったん管理職が多読に理解を示せば，これは強力なサポートになります。

2-2　図書館を味方につける

　多読・多聴と図書館は切っても切れないものと思いがちですが，必ずしもそうでもないようです。公立中高では図書館専任の司書不在のため，図書館利用が自由にできないとか，薄くて手間がかかる多読用図書は敬遠されるということを聞きました。この件に関しては大学図書館でも同様で，利用度は一番高いが整理に手間がかかる多読図書は敬遠されるところがあるようです。また，大学の場合は Graded Readers などの本は大学生が読むべきものではないと，購入を認めないところがいまだにあるようです。

　私は今までの勤務先で全て図書館に図書購入を依頼してきました。1 回で OK が出たところや，何度も足を運び数年続けて交渉を重ねたところもありますが，幸いどこも協力的でした。最初からあきらめずに多読の効用をきちんと説明し図書館の協力を要請すれば，図書館は協力してくれるでしょう。なお，多読図書の必要性を説明するときには，多読の効果がわかるデータや論文などを持っていくのも，説得力が増して効果的です。思いがけなく，どこの図書館からも個人的に多読に興味を持つ図書館職員が出てきて，それとなく協力してくれます。最近では多くの大学図書館が多読用図書を設置するようになり，英語のみならず，フランス語，ドイツ語，スペイン語などの多読用教材がある大学図書館も見かけるようになりました。

7 成功した多読

> 多読が様々な形で成功したクラスは，現在日本中にたくさんあります。中でも傑出した6つの例をご紹介しましょう。どのクラスでも様々な工夫がなされていますが，その共通する部分を探ります。

1 武庫川女子大学附属中学校・高等学校

　まず中学での成功例です。兵庫県西宮市にある武庫川女子大学附属中学校・高等学校では，安福勝人氏により2007年度から中学1年生の英語コース45名に多読・多聴が導入されました。時間帯は週5回ある英語授業の1回（50分）を全部多読・多聴にあてると同時に，始業前の10分を読書タイムとして週6日毎日読書をしています。また，帰りのホームルーム前にも，先生を待つ間生徒さんは自主的に読書をしています。始業前の読書タイムは除いて計算すると，年間多読授業数は夏の英語サマーキャンプも含め約65回です。この生徒さんたちは毎年全員が英検を受けていますが，その結果は合格した最高の級のみ合計すると中1で4級18名，3級24名，準2級3名合格，中2までの合格者は3級22名，準2級19名，2級2名，中3までには，3級4名，準2級35名，2級4名，準1級1名の合格者がでています（2009年度）。高校に入学するまでには，準2級，2級合格者がもっと増えることでしょう。

中2で2級に合格した1人は，中1からその時点までに約150万語読破していました。中3の秋にはすでに170万語を超しているので，恐らく中学卒業までに200万語達成することでしょう。

　また，このクラスでは中3になって，辞書を使わないエッセイが課せられるようになりました。本を読んで自分の意見を英語で書いて提出するのです。A4の用紙に半分ほど書く人もいれば，A4の用紙1枚にびっしり書いてくる生徒さんもいるそうです。

　多読・多聴を行なっていない他のクラスの英検合格者数はどうかといえば，約300人中準2級合格者が中3で10名出ただけだそうです（4級・3級は不明）。中3で準2級合格率が全体の約3％に比べると，英語コースの45名中35名の合格（78％）というのは素晴らしい成果です。しかも2級合格者も1割弱います。

　またこの中高は2006年度より文科省指定のスーパーサイエンスハイスクール（SSH）になり，優秀な生徒さんが入学してきています。現在，42名のSSHクラスでは，中3になって英語コースと同様に多読が導入され，毎週1回は50分間多読授業を受けています。クラスの性質上，読む本も科学系の読み物が多く，中には中3で"National Geographic"を読む生徒さんもいます。英検に関しては，中3になって準2級に9名が合格しました。

　以上の結果をみると，多読を行なうクラスと行なわないクラスの差は歴然としています。また中1から多読を始めたクラスの方が，中3から始めたクラスよりも，効果が上がっているのもわかります。やはり，英語学習最初から，大量のインプットを耳と目から行なうのが一番効果的だと言えるようです。

　先日，私はこの学校に行き，多読授業を受けている中学・高校の生徒さんに「多読の必要性及び効果」について話しました。実は，日頃研究会や学会で英語の先生たちに多読の話をする時は，資料（ハンドアウト）を準備します。ところがその日は時間がな

くて，パワーポイントだけしか用意していませんでした。しまったなーと思いながら話を始めたところ，驚いたことに，なんと中学1年生も含めた生徒さんたちが一斉にノートを取り始めたのです。最近，黒板に書かれたことしかノートをとらない大学生に慣れていたので，本当にびっくりしました。これもひょっとして集中力とともに多読によって培われた宝かなと思ったりもしました。

この学校の特徴は，校長先生が多読にとても熱心で100パーセント多読授業をバックアップされていることです。校長先生自ら，現在，日本一多読図書の数が多く，非常に多読の成果が上がっている，東京のSEG（科学的教育グループ，後述p.193参照）の多読授業を見学に行かれました。そのおかげで図書予算も多く，音源付きの多読用図書がふんだんにあります。とても恵まれた環境で，多読授業が行なわれ，生徒さんの力が非常に伸びていっています。

2 鷗友学園女子中学高等学校

鷗友学園女子中学は東京の私立女子中学で，英語教育の目的を大学受験のみではなく，生徒が将来「自由自在に英語を駆使できるようになる」こととし，高見信子氏を中心に多読が導入されました。2004年度に「多読」，「新教科書導入」(Oxford出版社のシリーズ〈Open House〉を使用)，「英語による授業」，を3つの柱とした新しい取り組みが始まり，中学1，2年は毎時間10〜15分が多読に当てられています。

読書の進め方を中1に絞って紹介しましょう。中1では，〈Oxford Reading Tree〉(ORT)シリーズを多読教材の中心に据え，授業内外で，他の本の読書も奨励しています。生徒さんに本を読ませるために，担当の先生たちによって様々な工夫がなされています。中1の1年間で，ORTのステージ4まで約100冊

を全員が読み、さらにその他の本を合わせると、300～600冊程度読むそうです。やさしい本をこれだけの量を読めば確実に基礎力が付き、英語が吸収されます。一方、テキストとして使用している〈Open House〉は、文法、リスニング、ライティングとバランスよく学べる教材です。また、〈Open House〉以外の使用教材も英語の運用力を高めるにはうってつけのものであり、多読で十分なインプットをしながら使用するため、より効果的に学習できていると考えられます。自然な状況設定の中の活き活きした英語にたくさん触れ、それを生かし定着するような授業を受ければ、おのずと使える英語を習得できるものです。

中1からORTのシリーズを中心に様々な本を読み、中3になると中学時代の集大成として、それまでに吸収した文章と英語のセンスを駆使し、各自が様々な話を作り独自の絵本を作成しています。その絵本を読んでみると、一文一文は短くても皆自然な活き活きとした表現を用い、文と文の繋がりはスムーズで、完全な楽しいお話ができあがっています。これは単にライティング力が向上したというだけではなく、英語のセンスが磨かれ、ひとつのお話を作り上げるという豊かな創造力も育成されたようです。

3　広島市立己斐中学校

次に、上記の中学とは少し違った意味で成功した例を紹介しましょう。広島県にある己斐中学校で三村ゆう子氏は中学2年生の基礎クラス21名を対象として、授業中に15分の多読時間を設け半年間多読指導を行ないました。英語が苦手で、やる気も集中力もなかった生徒たちを前にして、三村氏は本の渡し方や、ORTの登場人物に親しませる方法などにも様々な工夫をこうし、生徒を本に引き付けていきました。下記に述べるのは、その多読授業の

半年後の結果です。

　対象：中学2年21名
　多読時間（SSR）：15（分）×14（週）＝210（分）＝3時間30分
　読書量：平均2,495語（最高：3,455語，最低：1,656語）
　読書冊数：平均52冊（最高：73冊，最低：39冊）
　成績：前期2.9　後期3.0（最高：前期3.0, 後期5.0）

　この結果は前述の2つの私立中学のクラスとは読書時間，期間，読書量全てにおいて全く違います。特徴は，それまではやる気がなく落ち着かなかったクラスが徐々に落ち着いてきて，読書中は教師が「驚くほど静かになり，クラス全体が集中して読書に取り組んだ」ということです。このクラスの生徒をよく知る先生たちは，このことを容易に信じられなかったようです。「短期間で少量しか読まなかった生徒にも，情意面での変化が見られ，それがわずかながらも成績に結びついた」のです。この生徒さんたちにとっては，初めて自分の力で英語の本を読み，それが理解可能な本であったために，楽しくなり集中できたのでしょう。
　生徒さんの感想をいくつか紹介しましょう。
　「最初は英語が嫌いなのでいやだった。読んでいるとおもしろくなってきた。僕は，普段本をあまり読まない。」
　「最初は読むのが遅かったけど，今は以前より，読むのが速くなった気がする。ちょっとだけ英文が理解できるようになったし，楽しくなった。」
　「とてもおもしろかった。ずーっと続けてほしいです！！」
　　　　　　　　　　　　　　　　　　　　　　　（三村，2009）

4　国立豊田工業高等専門学校

　豊田高専（国立豊田工業高等専門学校）は愛知県にある5年制の工業高等専門学校です。高専の特徴はなんといっても大学入試がなく、高校と短大が繋がり5年間の継続教育が可能であるということでしょう。その特徴を生かして多読を始めたところは他に、沖縄・東京・大分・沼津・函館・旭川・呉高専などがあります。

対象：電気科専攻科18名
多読期間：5年間
多読時間（SSR）：
　　　　　45(分)×30(週)×5(年)＝6,750(分)＝112時間30分
読書量：全体の84％の学生が30万語以上読破し、その中でも
　　　　　30％以上の学生が100万語以上読破した

　豊田高専では、数学と電気の先生である西澤一兵、コンピュータの先生である吉岡貴芳氏が中心となり、英語が苦手な高専の電気科の学生に何とか英語力をつけようと、毎年様々な試みをしてきました。それまでの試み（専門の語彙習得訓練、音読筆写等）はどれも長続きせず、最後に行き着いたのが多読でした。多読に出会って初めて学生が喜んで取り組むようになり、5年もの長期に渡り、クラス全員が読書を続けてきました。もちろんその結果英語力は伸び、TOEICのクラス平均点が、毎年着実に40点以上も伸びてきたのです。多読導入前の高専4，5年生のTOEIC平均は350を下回っていましたが、多読を4年間続けた高専専攻科2年のクラス（大学4年に相当）のTOEIC平均点は500点をゆうに超しました。ちなみに普通大学4年の平均は500点でした。

　　　　　　　　　　　　　　　　　　　　　　　(Nishizawa, 2009)

なお，吉岡氏の研究室で学生達が開発した「多読支援システム」というのがあります。これは語数，YL を入力し，ジャンルと検索範囲を選択すれば，該当する10冊の本を検索し，あらすじを表示してくれる便利なシステムです。データ数は約14,000冊（2015年 8 月現在）あります。

　2015年11月にリニューアル予定です。ご興味・ご質問がおありの方は豊田高専の吉岡先生にご連絡ください。(tadokunavi@toyota-ct.ac.jp)

5　近畿大学法学部

　これは私が行なった再履修クラスの多読成功例です。大学ではどのクラスにも多読を導入していますが，特に再履修クラスは図書館で毎週80分の多読指導を行なっていました。再履修クラスの学生の大半は中学 2 年，または高校 1 年から英語が苦手になり，大学では授業についていけずに単位を落とした学生や，理解不可能な授業であるため出席せず，欠席過多で単位を落とした学生の集まりです。中には，英語は苦手ではないが，他の事情で単位を落とした学生も数名混じっています。

多読時間（SSR）：80（分）×12（週）＝960（分）＝16（時間）
読書量：44,137語（最高：132,400語，最少：9,931語）
読書冊数：102.2冊（最高：212冊，最少：15冊）
成績：EPER クローズテストの伸びに有意差あり

　大半の学生が英語は苦手で大嫌いだということで，中学生と同じ ORT を使用して多読を始めました。再履修クラスの特徴でそれまでの癖なのか，最初は欠席したり遅刻したりする学生が多

かったのですが，徐々に遅刻も減ってきて，そのうちに授業開始前から図書館に行き，私が部屋に入るとすでに読書を始めている学生が増えてきました。自分の英語力で読める本に出会ったことが自信につながったのか，絵本が楽しかったのか，皆様々な本（主に ORT，SIR，AAR，ICR，FRL）に手を出し，真剣に読み進めていきました。その結果，4ヶ月のみの読書にもかかわらず，EPER クローズテストの伸びには統計的有意差が出ました。情意面での効果は更に大きく，「読書が楽しかった」，「英語力が向上した」，「英語の本を1冊読むことに慣れた」，「授業が終了しても読み続けたい」などの項目に他の普通クラスよりも高い割合の回答が寄せられました。このクラスの中には，その後も図書館通いをして，多読を続けていた学生がいます。　　　　　（高瀬，2008）

6 SEG (Scientific Education Group)

SEG とは東京にある塾でもともとは数学専門でしたが，2002年から英語教室で多読を導入しました。2005年に中学1年生を対象に多読を始めて素晴らしい成果を上げているため，塾生の多読クラス受講希望者は毎年うなぎのぼりに増えています。中学1年から3年まで多読を行なったクラスの成果は次の通りです。

対象：中学3年　42名
多読期間：中1〜中3（途中）
多読時間：80(分)×48(週)×2.5(年)＝9,600(分)＝160時間

この教室では，中学1年から聴き読み多読を始めました。原則として中1の1年間は全員 CD を聴きながら本を読み，2年になると聴き読みでも，読むだけでも自由に選択できる方法をとって

います。このやり方で多読を続けた中学生が，中3でTOEIC形式の模擬試験ACEを受け，文法・リーディング・リスニングにおいて高3の全国平均を大幅に上回ったのです。語彙のみ，わずかに下回った（1点）ものの，総合では900点満点中，なんと100点以上も高校生を上回ったのです。ちなみに，高3の全国上位3分の1の平均と比較してみたところ，リスニングは上回ったものの，語彙・文法・リーディングは高3上位平均に届きませんでした。ところが中3多読クラスの上位3分の1を高3の上位3分の1と比較すると，語彙では下回ったものの，文法・リーディング・リスニング全てにおいて上回り，総合では65点も上回るという結果が出たのです。　　　　　　　　　　　　　（古川，2008）

7　多読・多聴授業成功の鍵

　多読・多聴が成功する場合も，色々な成功の仕方があります。ここでは，これまでに紹介した成功例の特徴を見てみましょう。

(1)　指導者が英語運用能力の必要性を痛感

　何の科目でもそうですが，授業運営にはそのクラス担当者の教育理念が大きく影響します。多読・多聴もしかり。多読・多聴授業の目的は，入試を越えた英語運用能力，つまり英語を自由に駆使できる能力を養成することであると，どの担当者も考えています。これまでの経験から，指導者は皆，英語運用能力習得の必要性を痛感しているのです。

　興味深いことに，豊田高専とSEGの責任者でもある担当者は両方とも理数系の教師なのです。これはなんと，われわれ英語教師の立場がなくなりますね。ところが，実は多読指導者・協力者・賛同者・実践者の中には他にも数学・理科・コンピューター

などの先生が何人もいるのです。私の元同僚もそうでした。なぜかというと，多読指導をしている理数系の人たちは，日本人が世界に誇れる能力・技術を持っているにもかかわらず，世界の共通言語ともいえる英語を駆使できないためそれを発信できない，またその能力・技術が正当に評価されない恐れがあると考えているようです。あるいは実際にそのような経験をした人もいるのかもしれません。多くの英語専門の教師より英語指導に対して発想が自由であり，実践を重んじ，使える，役に立つ英語習得を目標にして，将来の日本を担っていく若者を育てようとしているのです。

　多読・多聴指導の目的は，入試合格のための英語力養成にとどまらず，将来使える英語運用能力を育成することなのです。

(2) 学習者の英語嫌いを減ずる

　上記3の己斐中学校の三村氏が指導した基礎クラスや私が担当している再履修クラスなどのように，英語嫌いが集まったクラスで多読を導入する場合は，英語運用能力向上を目指す以前に，学習者に少しでも英語に興味を持たせ，自信を回復させる事を目的としています。三村氏の報告にあるように，学習者が落ち着いて席につき，徐々に多読に取り組み始めるのを見て感激するのです。英語での読書が楽しくなり，たくさん読んでいけば，英語に対する嫌悪感や苦手意識も徐々になくなり，少しずつ自信回復をしていきます。そうなれば積極的に勉強を始める学習者が出てきます。再履修クラスの中から，たくさん本を読んだためにやる気が起こって勉強して，TOEIC500点をクリアして留学した学生が出たこともあります。

⑶ **長期間多読・多聴を実践している**

　多読・多聴授業を行ない学習面で大いに成果を挙げているクラスの特徴は，まず多読・多聴授業の期間です。成功例１の武庫川女子大学附属中学，２の鷗友学園女子中学，４の豊田高専，６のSEG等全て多読が長期にわたり継続して行なわれています。武庫川女子大学附属中学校は中１から３年間（これからも続行する予定なので，恐らく高３まで６年間），鷗友学園女子中学は１～３年で３年間多読が続けられています。豊田高専は２年次（高校２年相当）から始めて５年次（大学２年相当），または専攻科まで４年あるいは５年間，45分クラス30回が多読・多聴に当てられています。一方SEGでは中１から中３まで80分のクラス50回，３年間多読多聴を行なったわけです。ちなみにこのクラスは2009年末現在高１で多読続行中です。

　これに引き換え，現在多読を行なっている多くのクラスは，今まで私が担当した全てのクラスを含め，カリキュラムの関係や学校の方針等のため，ほとんどが１年で終了してしまいます。ようやく本が読めるようになってきたところで，また，訳読の授業に逆戻りしたりするため，多読が持続しないのです。個人的に続ける学習者はいますが，クラス全体で多読を持続するにはクラスを持ち上がるしか方法がありません。しかしそれはほとんどありえないことです。どこの中高でも大学でも，生徒のクラス替えや教師の担当クラス変更があります。そのような場合にでも多読を持続させるには，その学校または学年全体で多読を導入するのが理想的です。

⑷ **授業中の多読時間が長い**

　授業中の多読・多聴時間に関しては１の武庫川女子大学附属中学，４の豊田高専，５の近畿大学（再）（多読のみ），６のSEG

は45〜80分等と長い授業内多読・多聴時間をとっています。

　最近，大学でも統一教科書を採用するところが増えてきたため，授業時間全部を多読に当てることは不可能になりました。そこで授業に支障がないように10分とか15分多読を行なうわけです。やる気のある学生は当然授業外でも読書を続けるので心配ないのですが，授業外では全く読まずに，1週間に1度の10分だけしか多読をしない学生も少なからずいるのです。これではほとんど効果がありません。自分で読まない学生に多読をさせるには，やはり授業中にたっぷりと時間をとって読ませるのが効果的なのです。

(5)　**年間の多読時間が多い**

　1の武庫川女子大学附属中学は朝の読書時間やホームルーム前の自主読書時間を除いて，年間多読授業回数がサマーキャンプを含め65回（約54時間）あります。これは，6のSEGの80分授業48回（64時間）に次いで多く，やはり時間を十分にとれば，かなりの成果が上がることがわかります。また，両方とも長期休暇中にも多読を続けています。中高生の場合は夏休み，冬休み，春休みなどの長期休暇中にもキャンプや集中講座または宿題として多読をしますが，大学生は長期休暇中にはほとんどの学生が，全く読書をしません。しかも夏休みの期間も約2ヵ月と長いため，夏休み直後のリーディング力は休み直前の力より，ほとんどの学生が見事に落ちてしまいます（4月の多読開始時よりはまし）。なるべく毎日（または毎週）多読をし続けて，長期に休まないことが多読成功の秘訣なのです。

(6)　**多読・多聴用図書充実**

　多読用図書は様々な種類のものがたくさんあるほうが，学習者の選択の幅が広がりいいのは当然です。1の武庫川女子大学附属

中学は校長先生の全面的なサポートのおかげで，潤沢な資金により十分な図書がそろえられています。2の鷗友学園女子中学も中学生が読める本がたくさんそろっています。4の豊田高専は多読の実績が認められ，GPプロジェクトの大きな予算を獲得し，それを多読・多聴図書に充当したため，図書館の多読用図書が非常に充実しています。5の近畿大学の図書館には，人気図書は館内用と貸し出し用の2種類そろっているので，図書館授業をする再履修クラスは本が十分利用できます。6のSEGは毎年多読授業を受講する生徒が増えていくため，各教室にはそれぞれのクラスの生徒に応じた図書が十二分にそろえてあります。

　ただし，これは必ずこのように図書をそろえなければ多読・多聴が成功しないと言うことではなく，3の己斐中学のように学習者が自分のレベルに合った好みの本を選ぶことができればうまくいくのです。

(7) 指導者の裁量でカリキュラムを組むことができる

　武庫川女子大学附属中学やSEGのように組織のトップが多読推進派である場合や，豊田高専のようにその科の責任者が多読推進派である場合はその責任者の裁量でカリキュラムを組みことができ，学年あるいは学校全体に多読を広げることができます。同時に全ての責任を持つということであり，これは皆真剣勝負です。

(8) 多読の成果を外部テストで検証

　上記のグループは皆，多読・多聴授業の成果を常に外部テストで測っています。武庫川女子大学附属中学は英検で，豊田高専はTOEICで，近畿大学はEPER，SEGはACEなどを利用して，多読の成果を検証しています。また，豊田高専とSEGは両方の責任者がともに専門の数学を生かし，統計的に緻密な成績処理を

行ない，次年度の計画をたてています。常に数字が頭の中にあり，例えば，どのくらいの量をどのスピードで読めば，どれだけ伸びるというような見通しが立てられているのです。

　まだまだ数え上げればきりがないのですが，上記のような特徴は何を意味するのでしょうか。一番重要なのは，多読の効果を実感し，多読を最高に効果的な方法で実施しているということです。
　まだ他にも多読が成功しているところはたくさんありますが，どこも上記のような何らかの特徴を共有しているのです。

〈まとめ〉
　第7章では現在様々な意味で非常に成功している多読・多聴授業の例とその特徴を挙げました。このほかにもたくさん成功している例がありますが，多読・多聴授業が成功しているところは，まず指導者自身が多読実践者であり，その必要性と効果を信じている，十分に学習者に読書時間を与えている，指導者が学習者の状況やニーズを理解し，やる気にさせているなどの特徴があります。次の第8章では多読の評価に関して述べます。

8 多読の評価

> 多読・多聴を授業で行なう場合は必ずその評価をする必要があるでしょう。第8章では学習者と指導者に対する評価，およびプログラム全体の評価について述べます。

多読授業評価とは，(1) 学習者に対する評価，(2) 指導者に対する評価，(3) プログラム全体の評価，の3つに分けられます。

1 学習者に対する評価

1-1 多読授業としての評価（英語力向上を含む）

本来ならば，多読授業は評価などせずに，学習者に大量の読書を行なわせ，読書の楽しみを経験させればおのずと英語力は向上するので，それで十分なのです。ところが，授業として多読を導入する場合は，何らかの評価を要求されます。また評価が学習者の動機付けになる場合もあるので，その点からすれば，必ずしも評価が悪いとは言えません。

多読授業をどのように評価するかは，授業形態・学習環境・指導者などにより異なります。現在多読授業を行なっている人は，

次のような様々なやり方をいくつか統合して評価をしています。

a）出席点をつける

　これは大学の場合ですが，出席してその場で実際に本を読むことが授業参加であり，英語学習になるため，それを評価することがあります。もっとも，授業外でも読書をする学習者が多いため，通常はこれだけで全てを評価するのではなく，評価の一部として加えるのが一般的です。

b）サマリー提出

　お気に入りの本を要約し，感想を書かせます。これは毎週行なうと学習者の負担になり，読書時間を削ることになるため，4〜5行の短いサマリーにするか1学期に1，2度程度に留めたほうがよいでしょう。

c）プレゼンテーション

　お気に入りの本をクラスで紹介させます。クラスサイズが大きい（50人以上）場合は授業時間が削られ，実施しにくくなるため工夫が必要です。

d）読書量を評価

　読書量を語数や冊数で測り評価します。ただ語数で評価すれば，語数を稼ぐために自分のレベルとは関係なく語数の多い本を選ぼうとしたり，また冊数で評価すれば冊数を稼ぐためにやさしい本ばかり読もうとしたりする学習者が出てきます。各レベルの本を点数化して，読んだ本の分だけ加算する方法をとっているところもありますが，ここでも難易度が高く点数が高いほうを選ぼうとする学習者があらわれます。あくまでも読書量は，評価の一部の

みに留めるべきだと思います。

e）各自で行なう内容理解テスト

　読書後，1冊ごとに内容理解の問題を解かせ，合格した場合のみ加点する方法もあります。前述したように，これをコンピューターで行なっているところがあります（M-Reader, p. 80参照）。一定の基準に達したらそれが加点され，その点数を総合して評価される仕組みです。ところが，学生は同時に同じ本を読むわけではなく，問題を解く時間も違うため，お互いに問題を教えあう恐れがあります。それを防ぐため問題を複数準備して入れ替えたり，共同で解答するのを防ぐため，入力時間や場所をチェックするなどのカンニング対策をとっているところもあり，学生とのいたちごっこです。問題作成に加えて実施方法に膨大な作業が必要となりますが，いったん軌道に乗れば大量の学習者を管理することができます。何事もそうですが，これも喜んで行なう学生と義務的に行なう学生がいるようです。学習者が読書に対する興味・喜びを失わなければいいのですが。

f）一斉学期末テスト

　学期ごとに達成目標を定め，目標レベルの本から内容理解テストを行ないます。例えば，達成目標レベルがOBW1であれば，読書速度 wpm＝100として総語数約5,000語の本を50分で読書させ，テキスト回収後に問題を配布して解答させます。テキストは基本的に未読のものです。この方法はクラス編成が習熟度別になっている場合は非常に効果的なのですが，YL1未満の本を読む学生と YL4以上の本を読む学習者が混在しているような，学習者の英語力に大幅な差がある場合は，底辺レベルの学習者には少々酷になります。学習者の状況に応じた工夫が必要でしょう。

私は，主としてこの方法を中心に据え，他の方法をプラスして評価してきましたが，対象学生に合わせて常に調整するようにしています。高校生の場合，多読が進みレベルが上がってくると，問題となるテキストが長くなり高校での試験時間45分では処理しきれなくなりました。そこでそのクラスの試験時間を試験時間割りの最後に設定してもらい，時間を延長して60分間の試験としました。大学では，試験期間中に設定されている60分の試験時間では足りないため，90分の通常授業時間を使ってテストを行なっています。非常にレベル差があるクラスでは，テキストも問題も量を減らし，更にテキストの最初の方から比較的やさしい問題を作成すれば，読書を終了できない学生でも対応できるようにはなりますが，そうすれば今度はレベルの高い学習者にとってはもの足りないものとなる恐れがあります。全く学生のレベルが違う場合はテキストも問題も複数準備して選択させることもあります。そのような時，必ずしも皆がやさしいテキストや問題を選択するとは限らないのです。

g) 外部テストで評価

　きちんと多読を行なえば英語力が伸びるのは必至であり，英語力が伸びれば当然外部のテスト（TOEIC, SLEP, ACE, EPERなど）も伸びていきます。多読授業以外に英語のクラスを選択していない場合は，英語力の向上は主に多読によるものとみなされます。そこで，多読開始前と多読終了時のTOEICの伸びを加点する場合もあります（個人的にTOEICの勉強をすれば得点は伸びるでしょうが，それは努力点とみなします）。

　私の場合は，上記a)～g)の3～4個を併用しています。目標レベルのテキストで内容把握のテストを実施し，多読開始前と終

了時に EPER テスト（p.74参照）を行ないその伸びを最高10点まで加点したり，読了語数や読書冊数も考慮に入れ，学期末にサマリー提出やプレゼンテーションを課したり，時には授業中の読書状況も観察し評価に入れる場合もあります。常に学習者の状況に合わせて流動的にしています。

また，高校でも大学でも，授業で使用するテキストがあり，評価基準の配分が設定されている場合は，多読で評価する割合が10〜30％となりますが，自由裁量に任されているクラスでは，多読時間が増えるためおのずと多読での評価が重視されます。

様々な読書後の課題が Bamford & Day（2004）に紹介されていますので，その中から学習者に合うものを取り入れて評価につなげる方法もあります。

結論は，どの評価法もそれだけでは万全のものとはなりえず，学習者の様子を観察しながら，複数の方法をとるのがいいでしょう。一番大切なことは，学習者がその評価のためだけに読書をするのではなく，読書を楽しみながら英語力を伸ばすのを助長するような評価にすることです。

1-2　英語に対する情意面での評価

これは多読授業の最後にアンケートをとってみるとよくわかります。たいていほとんどの学習者が多読には好意的です。ただし，どのような学習方法を行なってもそうであるように，必ずどのクラスにも多読を面倒だと感じる学習者がいます。100％の学習者を満足させることはできなくても，学習者の英語アレルギーが減じ，95％以上の学習者の英語学習意欲が高まり，結果的に英語力が向上していれば（短期間の多読ではここまで到達しない可能性はある），大いに評価すべきでしょう。

2 指導者に対する評価

2-1 授業の一環としての評価

　授業の一環として多読・多聴を導入する場合，学習者が多読・多聴に積極的に取り組み，英語力向上が認められれば成功と考えてよいでしょう。どのような授業形態であれ，学習者を，席に着いておとなしく教師の話を聴くだけの，受動的なお客さまにすべきではないのです。大事なことは，学習者自身が積極的に授業に参加し，自らの脳を活性化させながら取り組んでいくような授業形態にすることです。多読・多聴授業では，クラスの全ての学習者が楽しく読書をしたり，英語の音声を聴いたりすること，それ自体が大切なことなので，それができていれば，多読・多聴授業の第1段階は成功していると評価してよいでしょう。

　次に，多読・多聴後の英語力の伸びを評価します。どのような授業形態であれ，学習者の目標達成度が評価の対象となります。多読の場合は，そのクラスが目標レベルの本を読めるようになったかとか，英語力（SLEP, TOEIC, EPER, ACE 等英語運用能力を測るテスト）が伸びたかなどを評価します。

　私の場合，前任校ではどのクラスも習熟度別編成だったため，目標設定は容易にできたのですが，多読が進むと生徒間に読書量及び読書力の差が出てきて，全員の目標達成は困難でした。習熟度別クラスとはいえ，模擬テストの点数と英語のリーディング力は必ずしも相関しないため，リーディング力に差が出たのです（テストが高得点でも，英語の本を読めるわけではない）。その後はSSRを導入してその差を少なくしました。大学では学生間の英語力の差が大きいため，個々人の英語力の伸びを事前テストと事

後テストとの差で測りそれを統計処理して授業評価としています。

2-2　学習者指導上の評価

　多読・多聴授業で学習者を指導するのは，他の形態で行なう授業よりもたいへんです。学習者個人の英語力を知り，それにあわせたレベルの本を紹介したり，好みを考えて様々なジャンルの本を勧めたりするため，まず指導者自らが広範囲に，多読用図書を読んでおく必要があります。指導はあまり学習者に強制せず，また放任もせずに観察して行ない，学習者が自分のレベルに合った本を自ら選択し，積極的に楽しく読書にいそしんでいれば良しとし，多読後に英語力が伸びていれば，まずは指導がうまくいったと考えてよいでしょう。

3　プログラム全体の評価

　何を基準にプログラムが上手くいったかを考えれば，答えは簡単，学習者が喜んで読書をしたかどうかということです。皆が喜んで読書をすれば，まずは成功。ついでに英語力が上がれば言う事なし。英語，および日本語での読書習慣が付けばもう完璧です。

3-1　同僚の賛同を得られたか

　どのようにしても頑なに多読・多聴を否定する同僚は別にして，新たに何人の同僚が仲間に加わったか，または多読に興味を示したかで評価します。こちらが多読に引き込もうと説得するよりは，学習者の様子を見て教師が多読に引き込まれる場合の方が多いので，まずは学習者をやる気にさせることです。楽しそうな学習者

の様子を見れば，必ずや，多読・多聴に興味を示す同僚が現れます。元同僚の雀部伸枝氏（エピソード㉕）は生徒の多読への真剣な取り組み・生徒の楽しそうな様子を見て自ら100万語読書を達成し，その効果を実感して多読授業を始めました。このように自ら実感して始める教師の多読授業は本物です（Takase, 2006）。

3-2 今後カリキュラムに組み込めるか

　一度学習者の反応をみると，是非翌年も多読・多聴を授業に組み込みたいと思うようになります。そのような気持ちになれば，成功したも同然です。そのクラス指導の反省をもとに次年度はSSRの時間をより多く確保するための工夫をして，毎年一歩一歩向上しながら続けていけばよいのです。

　最も大切なことは，まず目の前にいる自分のクラスの学習者が喜んで読書をしたり，CDを聴いて楽しんだり本の内容について一緒に話し合ったりするような環境を作ることです。

4 今後の展望

　これまで述べてきたように，多読・多聴は現在の英語教育の不足を補い，バランスよい英語学習を行なうために必要なものです。多読・多聴の需要は増え，指導者も増えてきています。巻末の資料「多読・多聴実施校一覧」(p. 228) は，現在国内で多読を行なっている人のリストです。新しく多読・多聴指導を始めようと思う人は，見学可能な教室を訪れたり，ウェブサイトを参考にしたりして，指導方法や多読図書の研究等を行ない，多読・多聴を開始されることをお勧めします。

9 多読・多聴にプラスする アウトプットの必要性

> 学習者の英語力が確実に伸びる多読・多聴ですが，fluency（流暢さ）と accuracy（正確さ）を伴う運用能力を身に付けるには，アウトプットの活動をプラスすることが不可欠です。

　これまで多読・多聴の必要性，利点，効果，評価法，成功法などについて述べてきました。いかに多読・多聴が語学教育にとって必要欠くべからざるものであり，英語教育を効果的なものにし，英語学習（study）を英語習得（learn）変えていくかお分かりいただけたと思います。では，英語習得にとっては，果たして多読・多聴のみを行なえばそれで万全でしょうか。結論から言えば，残念ながら，多読・多聴だけで4技能全てが向上し，英語を習得できて自由自在に使えるところまでにはいたりません。

1 多読・多聴プラスアルファ

　言語を習得してそれを駆使できるようになるには fluency と accuracy を兼ね備えた4技能（listening, reading, speaking, writing）が必要です。確かに多読・多聴を行なえばそのうちの，リーディングやリスニングの fluency, accuracy は伸びます。ところがリーディングやリスニングという receptive skills（受信

し理解する能力）に比べて，スピーキングやライティングという productive skills（作成し発信する能力）の伸びは前述したように一部の人には短期間で効果が現れていますが，全体的にはまだまだです。これには1年間の多読・多聴よりもっと長期にわたる大量のインプットが必要なのです。では，このスピーキング・ライティングという productive skills の fluency, accuracy を効率良く伸ばし英語を駆使できるようになるには，多読・多聴に何を加える必要があるのでしょうか。

1-1　母語習得時の多聴・多読プラスアルファ

　ここで，母語習得時のことを考えてみましょう。まず耳から大量の母語のインプットを受け，周囲の話をまねしながら少しずつ話ができるようになった子どもは，読み聞かせなどによって文字を学んでいきます。徐々に自分でも読めるようになるとうれしくて，たどたどしくても一生懸命に声に出して読もうとします。そのうちにうまく読めるようになると，今度は書くことに興味を持ち始め，逆さ文字などもまぜながら少しずつ判読できるような文字が書けるようになります。それから文章に移っていきます。

　小学校では，音読が奨励され正しく読む練習を行ない，また教科書を手本とした正確な日本語をまねて書く作業も常に行なっています。つまり日常に使用する話しことばではなくきちんとした日本語を学習するのです。しかもそのアウトプットには自らモニターしながら学んだものや，親や教師からの指導により学習したものが伴います。その学習とは系統だった文法の授業などによるものではなく，実際の状況，文脈の中で日本語を使用しながら，語彙，文法，表現などを学習していくものです。その結果，当然の事ながら非常に自然で正確な日本語を習得するのです。当たり

前ですが英語を書かせればめちゃくちゃでも，日本語ではすばらしい文章を書く学生がほとんどです。

1-2　第二言語習得時の多読・多聴プラスアルファ

　さて，第二言語（ここでは英語）に話を戻しましょう。英語習得の場合は，基礎的なインプットを多読・多聴で行ない，reading や listening といった receptive skills の fluency と accuracy は養うことができます。それを accuracy と fluency を兼ね備えた productive skills に結び付けるには，やはり母語習得時と同じように大量のアウトプットを行ない，それを常時インプットで培ったものとつき合わせてモニターしたり，教室で学習したりしながら作成発信能力を鍛えていく必要があります。

　現在の日本の英語教育では，正確さ（accuracy）に比重が置かれ主に文法・精読（または訳読）中心の教育が行なわれています。その結果，fluency はおろか，なぜか学習したはずの accuracy すらあまり育ってはいないのです。これには2つの原因が考えられます。1つは，多くの中学・高校英語教育が語学習得のための教育ではなく，入試対策のための教育に片寄っているため，断片的な知識の詰め込みが多いということ。2つ目は fluency 軽視，accuracy 重視教育のため，インプット量・アウトプット量ともに少なく，学習したことが定着していないことです。つまり，accuracy のみを重視した断片的知識習得学習では英語運用能力向上はおろか，その知識習得すら行なわれにくいのです。Fluency 向上を目的とした大量インプット・大量アウトプットを同時に行なわない限り，英語運用能力向上は難しく，英語習得は望み薄でしょう。

2 今後の課題

　では、どうすればより多くの学習者が英語を習得することができるでしょうか。まずはこの本のテーマである多読・多聴で大量のインプットを長期にわたって行なうことが基本です。それを元にして大量のアウトプットを行ない、英語に慣れ、英語の勘を養うことが基本です。同時に、インプットを元にして大量のアウトプットを行ないながら accuracy を身に付けるように指導していく必要があります。現在多くの中学・高校で行なわれているような文法先行・訳読中心の授業ではなく、まず大量のインプットで英語を体験しながら吸収し、続けてインプットを元にしたアウトプットを常に行ない、文法や精読はインプット・アウトプットを正確なものにするための補助的な道具として学習する方が定着し、使える英語が習得できます。特に、英語学習初期の中学生（今後は小学生）に自然な英語を耳と目から大量にインプットするのは必要不可欠なことなのです。同時に大量にアウトプットの練習を行なう過程で、使える文法学習（入試やテストのための文法ではない）を行い、TPO (time, place, occasion) に応じた正しい英語の表現を学習させるようにしなければなりません。この方法を少なくとも中学・高校の6年間は続けていく必要があります。そうすれば大学生になって子ども用の絵本から読み始めたり、簡単な基本の挨拶の練習を行なったりする必要はなくなるでしょう。

　将来、ひとりでも多くの学習者が中学・高校で多読・多聴教育を受け、それに続く大量のアウトプット練習を行ない、英語運用能力を身に付け、自由自在に英語を駆使できる大人に育っていくことを願ってやみません。

10 多読・多聴指導 FAQ

多読セミナーや講演会で，多読・多聴授業を行なっている人や，導入を考えている人からよくたずねられる質問があります。これまでに受けた質問の中からいくつかお答えしましょう。

1 多読教材・導入一般に関する質問

Q1．やさしい本ばかり読んで英語の力はつくのですか？

A1．多読・多聴授業の特徴は現在の日本の英語教育に欠けている基礎力を固めるという大事な役割も担っています。やさしい本で基礎的な語彙・表現・文の構造等をしっかり体に覚えこませるのです。基礎力がなければ，どんなに難しい本を読んでも砂上の楼閣となります。基礎力は全ての元になる力です。

Q2．文法もわからない生徒が本なんか読めるのですか？

A2．母語（日本語）習得の場合を考えてみますと，子どもの時に文法を教えられることはなくても，日本語が正しく使えるようになります。これは四六時中耳から目から入ってくる大量のインプットによるものです。日本語の文法は小学校高学年から中学にかけて習いますが，それが日本語の上

達を速めることはありませんね。日本語で本を読めるようになるには，文法の勉強ではなく，たくさん文章を読むことです。よい文章が書けるようになる基礎も，よい文章をたくさん読むことによって培われます。話す場合も正しい表現を読んだり聴いたりして学ぶのです。

　一方，系統立った英語の文法を教え込まれた（勉強はしても決して習得はしてはいない）中高生・大学生が正しい英語を駆使できるかといえば，そうではありません。文法を完璧に理解していると考えられる英語の先生達ですら，英語を自在に駆使できないという悩みをもつ人が多いでしょう。これはすべてインプットの量が圧倒的に少ないことが原因だと思われます。

　この，致命的なインプット不足を補うために行なうのが多読・多聴です。最初は絵本から始めるので，絵が内容理解を助けます。全く文法がわからなくても，CDで音声を聴きながら絵本を読めば内容は理解できます。頭で文の構造などを考えるよりも，実際に絵や写真を見ながら，その場の状況に合った表現を目で見て耳で聴いて体にしみこませる方が，自然な語順，形容詞の場所，副詞の使い方等を理解し，確実に使えるようになります。特に，文法や日本語訳を学ぶ前の英語学習初期に自然な英語を大量にインプットするのは，非常に効果的なのです。文法は最初に学習するよりも，ある程度英文に慣れてから整理する形で教えた方が，学習者は納得する場合が多いので効率がよいでしょう。

Q3． 日本語に訳をしないで内容が理解できるのですか？
A3． 最初は絵本から読み始めますから，絵が助けてくれます。

英単語や表現はできる限り現物または絵と結びつけて理解する方が吸収がよく、使う時にもすぐに使えます。英語を完全に1対1の日本語訳で覚えていると、誤解が生じることがありますし、日本語に訳しながら読むのは速度も遅くなり効率が悪くなります。試験や仕事で訳をする必要があるとき以外は、日本語抜きで、英語のまま頭から読んで内容を理解していく方がよいでしょう。

Q4．アルファベットはわかるが英単語・英文は読めない段階から多読を導入するにはどのように指導したらよいでしょうか？

A4．これは読み聞かせが一番でしょう。とくに英語学習初期の小中学生には読み聞かせが効果的だと思います。ORTやLLLなどの大型本を使ったり、大人数のクラスであれば教材提示機などで本のページをスクリーンに映し出したりしてお話をする方法もあります。恐らく母語習得時も読み聞かせをしてもらって文字を覚えていく人が多いと思います。英語でも同様に、読み聞かせをしてもらいながら何度も同じ単語・英文に出会えば、そのうちに英単語や文章が読めるようになってくるのです。読み聞かせの途中でいくつかの語彙にちょっと注意を向ければ、語彙習得もできるようになるという副産物もあります。

Q5．フォニックス・ルールを理解できていない生徒でも多読を始められますか？

A5．はい、もちろんだいじょうぶです。フォニックス・ルールというのは知っている学習者のほうが少ないでしょう。ルールは知っていれば便利かもしれませんが、たくさん英

語を聴き，読んでいれば自然と覚えることも多いです。一般に，中学でフォニックスのルールを教えることは少ないと思います（その時間もないでしょう）。文法と同じで，学んだルールを適用できるようになるには，やはり自然な文章を大量に読み，聴きすることの方が大切です。

2 多読・多聴指導法について

Q6. 本を読まない学習者をどう指導すればよいでしょうか？

A6. 最近の学習者は授業外で読書をする時間が取れないと口々に言います。そこで授業中に時間を取り10分でも15分でも読ませるのです。そうすればたいていの学習者は読みますよ。またテキストも，従来の教科書と違い，絵や写真付きで理解できる程度の平易な英語で書かれた本（絵本）から導入すれば，英語が苦手な学習者でも喜んで手に取るでしょう。ところが，たまに活字や本に全く関心がなく，静かに座っていることも困難な人がいます。そのような場合は英語に訳されたマンガ本が役に立ちます。それがきっかけで英語の本を読み始めた学生もいます。

Q7. やさしめのものを勧めると物足りなさや不安感を感じ，自分で選ばせると難しめのものを選ぶ学習者をどう指導したらいいでしょうか？

A7. 今までの教育の影響で，確かに難しい本を読む方が安心する学習者が多いようです。ところが実際に英語の吸収率を見てみると，多読初期はやさしい英文をたくさん読んだ方が楽に吸収し，英語力も向上するのです。これは基礎的な語彙や文章を何度も目に（または耳に）することにより，

語彙や文章認識の自動化がおこり，それまで単語を読んで意味を理解するために使われていた労力が，より高度な全体の意味解釈や未知語の意味推測などに回されるということです。そこで内容理解が楽に行なわれるようになり，徐々にステップアップできるようになっていくのです。まずこのことを学習者に説明し，実際に体験させることをお勧めします。あとは本人が納得して自分の英語レベルに合う本を読むのを待つのがよいでしょう。

3 実際の多読授業クラス運営について

Q8. 多読指導を始めたいのですが，何人ぐらいから始めたらよいでしょうか？

A8. 最初は1，2クラス（各20〜30人）から始めて，指導者も学習者と一緒に多読（指導）に慣れていった方が無難です。一気に手を広げると，本の管理や指導が大変です。1，2クラスであれば，基本的なやさしい本を2〜3シリーズ揃えてスタートし，学習者の伸びる様子を見ながら，それに合わせて買い足せばよいでしょう。

Q9. クラスサイズはどのぐらいが適当でしょうか？

A9. クラスサイズは小さい方が（15〜20人）理想的なのですが，実際の教育現場ではこのような少人数クラスは非常に稀で，多いところではいまだに50人を超すこともあります。十分に多読指導を行なうには最大30人ぐらいが妥当でしょう。

Q10. 成績のつけ方はどのようにするのでしょうか？

A10. 授業内容，クラスの到達目標，多読時間等により異なりま

す。中学・高校(最近は大学も)では成績評価基準が決まっている場合が多いので,一部のみが多読の評価対象となります。多読を授業の一部(10~15分)や宿題として行なう場合は,読書量,読書参加回数,多読後のレポート,読書記録の提出など,様々な方法があります。この中からひとつ,あるいは複数を混ぜ合わせて評価してもいいでしょう。いづれにしても現場の実情に合わせて行なう必要があります。

Q11. 多読後の課題や多読を生かした活動にはどのようなものがありますか?

A11. 多く行なわれているのは,簡単なサマリー提出や内容理解度テストなどですが,全く何も行なわずにひたすら読ませるだけのところもあります。その場合でも,読書記録をつけ簡単なコメントの記入は課せられている場合が多いです。詳しいアクティビティーに関しては,Barnford & Day (2004) の *Extensive reading activities for teaching language* を参照してください。

Q12. 授業等で多読を行なう場合,週1時間や毎時間の10分読書程度であっても効果はあるでしょうか?

A12. 多読の効果は様々で,たとえ10分であっても毎回定期的に行なえばそれをきっかけに英語嫌い減少,自信回復などが起こります。ある程度読み続ければ英語を読むことに慣れ,読むスピードが上がり,集中力も付いてきます。さらに読み続ければ英語力が向上し,その結果が各種試験にも反映されてくるのです。大切なことは週1時間であれ,毎回10分であれ,読み続けることです。

Q13. 和訳中心の中学・高校での具体的な多読授業実践法は？
A13. 現在の英語教育には様々な要素が絡んでいるため，和訳中心の中学・高校教育を変えることは，一朝一夕にはできそうにありません。そういう状況で，現在の英語教育の中に多読を取り入れて，多読と精読のよりよいバランスを図るには，授業の一部を割いて多読にあてるのが一番実現可能な方法でしょう。もしカリキュラム変更が可能であれば，週に1時間多読・多聴の時間を設け，現在の英語教育に欠如しているインプット量の不足を補い，リーディング・リスニングの基礎力を養うことです。それが無理であれは毎回の授業で10〜15分間授業内多読を行なうことです。

Q14. クラスの中で多読をどのように取り入れていったらいいのでしょうか？
A14. 授業中に多読を導入する場合は，最初の10分とか最後の10分などに，ストップウォッチで時間を計りながら読ませるのがよいでしょう。短時間なので集中力も切れずに皆必死で読みます。授業の前半で共通テキストの文法の説明や難解な文の解説を行ない，最後にやさしくて楽しそうな本を渡し，これを読み終えれば授業が終わり，というのも学習者の集中力が増して効果的です。

Q15. どのようにして生徒の興味・意欲を持続させることができますか？
A15. 一番効果的なのは英語の伸びを自ら実感することです。これだけ英語が読めるようになったと実感できれば，読むことが楽しくなり読書を止められなくなります。そこにたどりつくまでは指導者が飴と鞭を使いながら指導していくし

かないでしょう。一番大切なことは，多読初期は教室で一斉に読ませて，多読は楽しいだけでなく，大切な英語学習の一環であることを認識させることです。

　まず学習者に合った英語のレベルで興味をそそる本を与えて一斉に時間を計りながら読ませます。中高生の場合は読破冊数や語数をグラフにして教室に貼っているところもあります。新刊書や人気図書の紹介をしたり，クラスの多読の様子をクラス通信で報告したりしている先生もいます。そのうちに授業外で読書をする学習者が現れてくると，大いに褒めるのも大事なことですね。友達の影響も大きいので，影響されて授業外で読書を始める学習者が必ず出てきて，うまくいけばクラス中に広がっていきます。

Q16. 楽しく多読を続けられるように，どのような指導したらよいでしょうか？

A16. これはなかなか難しい質問ですが，大事なことを2つ述べましょう。

1) まずは，指導者が楽しんで読書をすること。そうでなければ，その楽しさは伝えられないでしょう。
2) 無理強いしないこと。指導をしていく中で読書を強く奨励はしても強制はしないほうがよいでしょう。多読が強制的な宿題・課題となれば他の勉強と同じく，楽しみが半減するようです。だからといって，自由にさせておけば，怠けて読まなくなる学習者が必ず出てきますので，そのあたりのさじ加減が大切ですね。英語の本をかなり読めるようになり自立した読書ができるまでは，強い奨励（strong encouragement）が必要だと思います。そうなれば本当に楽しんで読書を続けることができるようになります。

4 教師の役割

Q17. 先生は授業中何をするのですか？

A17. 指導者は学習者が本を選ぶ時にアドバイスしたり，本人の英語のレベルよりも難しい本を選んで苦労している学習者や，やさしすぎる本ばかりを選び手を抜いている人に，適切な本を紹介したりします。また，読書に集中できていない学習者には，その人が集中できそうな本を推薦したりするため，常に学習者を観察しています。授業外で読んできた本の記録を読み，次の指導の参考にすることもあります。時間があれば一緒に読むこともお勧めします。先生が読んでいる姿を見て真似て読む生徒もいれば，先生の本に興味を示し，自分でも読んでみる生徒が必ず出てきます。

Q18. 本の選択は学習者に任せて好きなのを選ばせていいのでしょうか？

A18. 多読初期は，学習者が自分の英語レベルがわからないため，自由に選ばせると，今まで精読の授業で読んでいたような，またはそれ以上の難しい本を図書館から借り出してくる学習者が必ずいます（例：シェークスピア，ハリー・ポッター等）。そこで，多読初期には指導者が教室に持ち込んだ本の中から選択させたり，図書館で借りてくる場合は，図書リストを渡しその中から選んで借り出してくるように指導した方がいいでしょう。ある程度読書を行ない自分のレベルや好みがわかってくれば，それからは学習者各自に選ばせるようにします。その方が自立した読書家を育てるのには効果的です。

5 本の購入・保管・貸し出しの方法など

Q19. 多読授業を導入したいのですが図書購入の予算がありません。

A19. 本文でも述べていますが，方法はいくつかあります。
　　1)　出版社のサンプル本を利用。
　　2)　公共図書館等で英語多読用のセットを借りる。
　　3)　公的予算（図書館，学部，英語科，PTA 等）で購入。
　　　　私が多読指導を始めた時は，出版社のサンプル本，英語科の予算5万円で購入した図書，個人で買い集めた本を使用しました。最初は小規模に始めることをお勧めします。

Q20. 非常勤講師なので図書保管場所がありません……

A20. 私は5大学1高校，合計8キャンパスで非常勤講師をしてきました。それぞれの場所で事情は違いますが，たいていの場合，講師控え室の係りの人に相談すると預かってくれました。そうでないところでは，毎時間，授業の最後になるべく多く貸し出し，残りは控え室の共同のボックスや保管袋に入れて保管していました。高校では，本の回転をよくするために図書館に保管を頼み，引き受けてもらいました。事情を話せば預かってくれるところが多いようです。

Q21. 貸し出し方法は？

A21. 図書は教室，研究室，控え室などで貸し出します。教室で貸し出す場合は，授業を5分ほど早く止めなければいけません。本文中のバーコードリーダー（p.112参照）を使えば貸し出しスピードが速く，確実に記録がエクセルのシー

トに残るので便利です。準備には少々時間がかかるようですが，いったん全ての本のタイトル，バーコードと学習者番号を入力してしまえば，後は楽です。紙ベースでは各自の貸し出し表を作りそれに記入させるのが一番確実で速いと思いますが，全員が必ず記入することが原則です。

6 多読の効果

Q22. 多読は英語力向上にどのような効果がありますか？

A22. 多読の効果は読書量により，また人によってその表れ方が違いますが，私が多読のみ指導した学習者には次のような効果が見られました。（①〜⑥はほとんど全員，⑦⑧は多くの学習者，⑨⑩は一部の学習者）

① 英語を読むスピードが速くなる
② 話全体の流れをつかむことができるようになる
③ 語彙認識の自動化が起こる
④ 英語の基礎力がつく
⑤ リーディング全般の力がつく
⑥ Accuracy が伸びる
⑦ リスニングが上達する
⑧ 文法理解ができるようになる
⑨ スピーキングが楽になる
⑩ ライティングが上達する

参考文献

Anderson, R., Wilson, P. & Fielding, L. (1988). Growth in reading and how children spend their time outside of school. *Reading Research Quarterly, 23*, 285-303.

Apple, M. (2007). Beginning extensive reading: A qualitative evaluation of EFL learner perceptions. *JACET Kansai Journal, 9,* 1-14.

Bamford, J., & Day, R. R. (Eds.). (2004). *Extensive reading activities for teaching language.* Cambridge University Press.

Bell, T. (2001). Extensive reading Why? And How? *The Internet TESL Journal.*

Day, R. R. (2008). Teaching foreign language fluency. *The Language Teacher 32*(7)

Day, R. R., & Bamford, J. (1998). *Extensive reading in the second language classroom.* Cambridge: Cambridge University Press.

Day, R. R., & Swan, J. (1991). Reading and spelling competence: Evidence from an EFL context. Unpublished manuscript.

Elley, W. B. (1991). Acquiring literacy in a second language: The effect of book-based programs. *Language Learning, 41* (3), 375-411.

Elley, W. B., & Mangubhai, F. (1981). *The impact of a book flood in Fiji primary schools.* New Zealand Council for Educational Research and Institute of Education: University of South Pacific.

Furukawa, A. (2008). Extensive reading program from the first day of English learning. *Extensive Reading in Japan 1*(2). The Journal of the JALT Extensive Reading Special Interest Group. Tokyo.

Furukawa, A., Takase, A., & Nishizawa, H. (2009). A Successful ER Program for Japanese Students of All Ages. Paper presented at the 43rd Annual TESOL Convention and Exhibit in Denver, USA.

Greaney, V., & Clarke, M. (1973). A longitudinal study of the effects of two reading methods of leisure-time reading habits. In D. Moyle (Ed.), *Reading: what of the future?* London: United Kingdom Reading Association. 107-114.

Hafiz, F. M., & Tudor, I. (1989). Extensive reading and the develop-

ment of language skills. *ELT Journal, 43*(1), 4-13.
Hafiz, F. M., & Tudor, I. (1990). Graded readers as an input medium in L2 learning. *System, 18*(1), 31-42.
Henry, J. (1995). *If not now*. NH: Boynton / Cook Publishers, Heinemann.
Hino, N. (1988). "Yakudoku": Japan's dominant tradition in foreign language learning. *JALT Journal, 10*, 45-53.
Koizumi, R., & Matsuo, K. (1993). A longitudinal study of attitudes and motivation in learning English among Japanese seventh-grade students. *Japanese Psychological Research, 35*(1), 1-11.
Krashen, S. (1992). The input hypothesis: An update. In J. Alatis (Ed.), *Georgetown University Round Table on Language and Linguistics, 1991*. Georgetown University Press.
Krashen, S. (1993). *The power of reading: Insights from the research*. Englewood, CO: Libraries Unlimited.
Lai, F. K. (1993). The Effect of summer reading course on reading and writing skills. *System, 21*(1), 87-100
Maruhashi, K. (2011). The Effects of Extensive Reading on Japanese EFL Learners' Grammatical Competence. Unpublished graduate dissertation, Kansai University, Osaka.
Mason, B. (2005). Vocabulary Acquisition through Storytelling. *TESOL III Newsletter*. February, 3-5.
Mason, B., & Krashen, S. (1997a). Extensive reading in English as a foreign language. *System, 25*(1), 99-102.
Mason B., & Krashen, S. (1997b). Can extensive reading help unmotivated students of EFL improve? *ITL Review of Applied Linguistics*: 117-118.
Mason B., & Krashen, S. (2004). Is Form-Focused Vocabulary Instruction Worth While? *RELC Journal 35*(2),179-185.
Nishizawa, H. et al. An Integrated ER Program for Engineering Students. (2009). Paper presented at Good Practice Project Forum at the University of Shimane.
Palmer, H. E. (1964). *The principles of language-study*. Oxford: Oxford University Press. (Original work published in 1921.)
Palmer, H. E. (1968). *The scientific study and teaching of languages*. Oxford University press. (Original work published in 1917.)
Pilgreen, J. L. (2000). *The SSR Handbook*, Boynton / Cook Heinemann.
Polak, J., & Krashen, S. (1988). Do we need to teach spelling?:

The relationship between spelling and voluntary reading among community college ESL students. *TESOL Quarterly, 22*(1), 141-146.

Renandya, W. A., Rajan, B. R. S., & Jacobs, G. M. (1999). Extensive reading with adult learners of English as a second language. *RELC Journal, 30*(1), 39-61.

Robb, T., & Susser, B. (1989). Extensive reading vs. skills building in an EFL context. *Reading in a Foreign Language, 5*(2), 239-251.

Smith, F. (1985). *Reading without nonsense* (2nd ed.). New York: Teachers College Press.

Stewart, D. (2008). Innovations in extensive reading. *Extensive Reading in Japan 1*(1). The Journal of the JALT Extensive Reading Special Interest Group. Tokyo.

Tachibana, Y., Matsukawa, R., & Zhong, Q. X. (1996). Attitudes and motivation for learning English: A cross-national comparison of Japanese and Chinese high school students. *Psychological Reports, 78*, 691-700.

Takase, A. (2003). The effect of extensive reading on the motivation of Japanese high school students. Unpublished doctoral dissertation, Temple University, PA.

Takase, A. (2004a). Investigating students' reading motivation through interviews. *Forum for Foreign Language Education, 3*, 23-38. Institute of Foreign Language Education and Research, Kansai University, Osaka: Naniwa Press.

Takase, A (2004b). Effects of eliminating some demotivating factors in reading English extensively. *JALT 2003 Conference Proceedings.* Tokyo: JALT

Takase, A. (2006). Teachers motivated by students' extensive reading: A case study of teachers' motivation to start reading English books. *JALT 2005 Conference Proceedings.*

Takase, A. (2007b). Extensive Reading in the Japanese high school setting. *The Language Teacher, 31*(5), 7-10.

Takase, A. (2007c). Japanese high school students' motivation for extensive L2 reading. *Reading in a Foreign Language 19*(1), April 2007, 1-17.

Takase, A. (2007d). Effects of Easy Books on EFL Students' Reading Proficiency. Paper Presented at JALT Conference 2007.

Takase, A. (2008). The two most critical tips for a successful extensive reading. *Kinki University English Journal, 1,* 119-136.

Takase, A. (2009). Effects of SSR for Motivating Reluctant Learners to Read Extensively. Poster presented at the Annual Meeting of the AAAL Conference in Denver, USA.

Takase, A., & Nishizawa, H. (2009). Two Critical Tips to Motivate EFL Learners to Read Extensively. Paper presented at the BAAL Conference in New Castle, UK.

Takase, A., & Uozumi, K. (2009). What Motivates Teachers to Implement ER in Class. Paper presented at the JERA Conference in Toyota.

Torgesen, J. K. & Hudson, R. F. (2006). Reading fluency: critical issues for struggling readers. In S. Samuels, & A. E. Farstrup (Eds.), *What research has to say about fluency instruction.* International Reading Association, DE: USA.

Walker, C (1997). A self-access extensive reading project using graded readers. *Reading in a Foreign language, 11*(1), 121-149.

Ware, J. (2009). Using Extensive Listening (EL) and Shadowing in Speaking and Listening Classes. Paper presented at Good Practice Project Forum at the University of Shimane

Waring, R., & Takaki, M. (2003). At what rate do learners learn and retain new vocabulary from reading a graded reader? *Reading in a Foreign Language, 15*, 1-27.

Yamazaki, A. (1996). Vocabulary acquisition through extensive reading. Unpublished doctoral dissertation, Temple University, PA.

赤尾美和（2014）．多読と英語　伸びの関係性―大学再履修クラスにおける多読授業．日本多読学会紀要8．pp. 39-50．

飯田裕子（2006）．総合学習としての英文多読授業～その方法と成果について．中央大学杉並高等学校紀要．15．pp. 123-156.）

伊藤サム（2003）．『英語は「やさしく，たくさん」』講談社．

内山由香里．（2008）．辰野高校における英語多読授業の試み．日本多読学会紀要2 pp. 37-44．

門田修平（2007）．『シャドーイングと音読の科学』コスモピア．

門田修平・野呂忠司編著（2001）．『英語リーディングの認知メカニズム』　くろしお出版．

カトー，ロンブ（Kato, Lomb）．（2000）．『わたしの外国語学習法』（米原万里訳）ちくま学芸文庫．

川島幸希（2000）．『英語教師　夏目漱石』新潮選書．p. 23．

酒井邦秀（2002）．『快読100万語！ペーパーバックへの道』ちくま学芸文庫．
酒井邦秀・神田みなみ編著（2005）．『教室で読む英語100万語―多読授業のすすめ』大修館書店．
鈴木寿一（1996）．読書の楽しさを経験させるためのリーディング指導．『新しい読みの指導』（渡辺編）pp. 116-123．三省堂．
高瀬敦子（1995）．『文蔵の一石』．（編集）土佐塾中高等学校．
高瀬敦子（1998）．多読を通してのリーディング指導の実践．大阪府私学英語研究紀要２．pp. 17-31．
高瀬敦子（2005）．ある私立学校での多読授業への挑戦．『教室で読む100万語』pp. 82-89．酒井・神田（編）大修館書店．
高瀬敦子（2007a）．大学生の効果的多読指導法．関西大学外国語教育フォーラム．pp. 1-13．関西大学外国語研究機構．
高瀬敦子（2008）．やる気を起こさせる授業内多読．近畿大学英語研究会紀要(2)．pp. 19-36．近畿大学英語研究会
田澤美加（2005）．先生と生徒とともに100万語多読を．『教室で読む100万語』pp. 75-80．酒井・神田（編）大修館書店．
玉井健（2008）．『決定版　英語シャドーイング超入門』コスモピア．
西澤一・吉岡貴芳・伊藤和章（2006）．英文多読による工学系学生の英語運用能力改善．*IEEJ Trans. FM. 126*（7），pp. 556-562．
西澤一・吉岡貴芳・伊藤和晃・深田桃代・長岡美晴（2008）．豊田高専における英語多読授業の成果と課題．第７回多読教育ワークショップ
野呂忠司（2008）．中学・高校生に対する10分間多読の効果．中部地区英語教育学会紀要 38．
藤田賢・野呂忠司（2009）．日本人高校生英語学習者における10分間多読が読解速度、読解力、動機付けに及ぼす影響．ARELE(20)
古川昭夫（2008）．中３多読クラスのACEテスト，全国の高３平均を103点上回る　http://www.seg.co.jp/tadoku/2008/ace.htm
古川昭夫・伊藤晶子（2005）．酒井邦秀編集．『100万語多読入門』コスモピア．
古川昭夫編（2022）．『日本多読学会　多読図書YL・語数リスト 2022』https://www.seg.co.jp/sss/YL/2022-04-JERA_Booklist-220316.pdf
三浦省五・松浦・西本・池田・兼重・伊藤（1997）．高校生の学習に関する意識調査．『英語教育』９月号
三村ゆう子（2009）．公立中学校における15分間多読．日本多読学会第８回ワークショップにて発表
米原万里（2007）．『愛の法則』集英社新書．

多読・多聴指導実施校一覧 (2022年7月現在)

- 見学を希望される場合は、必ず担当の先生にメールか電話でご相談ください。
- ＊印はストーリーテリングまたは多読室やPCルームMoodle利用のテスト見学可

小・中・高・高専・大・塾・英語教室	名前／連絡先	都道府県	見学
St. Michael's International Elementary School	Frances Shiobara (塩原フランセス) fshiobara@shoin.ac.jp	兵庫	可
開成中学校	Daniel Stewart stewart_reading@mac.com	東京	不可
鷗友学園女子中学高等学校	兵後菜種・山下陽子 nahyogo@ohyu.ed.jp	東京	要相談
湖南市立甲西北中学校	山口朋久 090-9049-0215	滋賀	可
鳴門教育大学附属中学校	福池美佐 mfukuike@naruto-u.ac.jp	徳島	可
明治大学付属明治高等学校・明治中学校	村松教子 042-444-9100	東京	可
香蘭女学校中等科・高等科	桑原しのぶ 03-3786-1136	東京	要相談
学習院中等科・学習院高等科・学習院大学	山本昭夫 akio.yamamoto@gakushuin.ac.jp	東京	可
桐蔭学園中等教育学校・高等学校	彦由和夫 hiko@toin.ac.jp	神奈川	可
洛星中学・高等学校 東山中学・高等学校	植田栄美 emi4544@yahoo.co.jp	京都	可
常翔学園中学校・高等学校	谷川友紀・庄司　杏・林　裕子 06-6167-4372	大阪	可
高槻中学校・高槻高等学校	鬼丸晴美 onimaru@takatsuki.ed.jp	大阪	要相談
甲南中学校・甲南高等学校	杉本智昭 sugimoto@konan.ed.jp	兵庫	要相談
福岡女学院中学校・高等学校	坂本彰男 asakamot@fukujo.ac.jp	福岡	可
慶應義塾志木高等学校	田中　健 ken.tanaka@keio.jp	埼玉	要相談
大阪府立北野高等学校	Mary O'Sullivan cillonecaha@gmail.com	大阪	可

小・中・高・高専・大・塾・英語教室	名前／連絡先	都道府県	見学
大阪府立阿倍野高等学校	喜多千穂 06-6628-1461	大阪	要相談
桃山学院高等学校	小川謙太郎 k.ogawa@momoyamagakuin-h.ed.jp	大阪	可
鳥取県立境高等学校	英語科主任 sakai-h@mailk.torikyo.ed.jp	鳥取	可
筑紫女学園校高等学校	湯川敬子 k-yukawa@chikujo.ed.jp	福岡	可
国立豊田工業高等専門学校	市川裕理・浅井晴美 ichikawa.yuri@toyota.kosen-ac.jp	愛知	可
国立松江工業高等専門学校	服部真弓 hattori@matsue-ct.jp	島根	可
北星学園大学短期大学部〔英文学科〕	竹村雅史 takemura@hokusei.ac.jp	北海道	可
秋田県立大学	高橋　守 bobby@akita-pu.ac.jp	秋田	可
長岡技術科学大学	藤井数馬 fujii@vos.nagaokaut.ac.jp	新潟	要相談
石巻専修大学	大縄道子 michiko@isenshu-u.ac.jp	宮城	要相談
尚絅学院大学	Sam Murchie, Patrick Conaway 090-8617-3195	宮城	要相談
宮城学院女子大学	Marc Helgesen, Jennifer Green marchelgesen@gmail.com	宮城	可
信州大学　全学教育機構	Mark Brierley mark2@shinshu-u.ac.jp	長野 (松本市)	可
帝京大学 (宇都宮キャンパス)	須賀晴美 suga@uccl.teikyo-u.ac.jp	栃木	可
東京基督教大学	森　恵子 nakajima@tci.ac.jp	千葉 (印西市)	要相談
日本保健医療大学	黛　道子 michikomayuzumi@gmail.com	埼玉	不可
東京電機大学〔理工学部〕 (埼玉キャンパス)	花元宏城 hiro_warriors@mail.dendai.ac.jp	埼玉	可
玉川大学	Brett Milliner milliner@lit.tamagawa.ac.jp	東京	可

小・中・高・高専・大・塾・英語教室	名前／連絡先	都道府県	見学
鶴見大学〔文学部〕，慶應義塾大学〔法学部〕（日吉キャンパス）	深谷素子 fukaya-m@tsurumi-u.ac.jp	神奈川	可
常葉大学〔外国語学部英米語学科〕	良知恵美子・柴田里実 satomishibata@sz.tokoha-u.ac.jp	静岡	可
名古屋外国語大学	Mathew White・吉本美佳・新居明子 mathew-w@nufs.ac.jp	愛知	可
南山大学	John Howrey, Darren Elliott, Thomas Bieri jhowrey@nanzan-u.ac.jp	愛知	不可
京都産業大学〔外国語学部英語学科〕	桜井延子 nsakurai@cc.kyoto-su.ac.jp	京都	可
京都外国語大学	吉田真美 ma_yoshi@kufs.ac.jp	京都	要相談
大阪産業大学	金﨑茂樹 kanasaki@ge.osaka-sandai.ac.jp	大阪	要相談
桃山学院大学	釣井千恵 tsurii@andrew.ac.jp	大阪	可
関西大学	吉澤清美 yoshizaw@kansai-u.ac.jp	大阪	要相談
近畿大学	赤尾美和 miwa_0722@yahoo.co.jp	大阪	不可
大阪工業大学	井村　誠 makoto.imura@oit.ac.jp	大阪	要相談
大阪経済大学	大阪経済大学図書館 06-6328-2431（大学代表）	大阪	要相談
奈良県立大学	大槻きょう子 otsuki@narapu.ac.jp	奈良	可
甲南大学〔マネジメント創造学部（CUBE）〕	Brent A. Jones bjones@konan-u.ac.jp	兵庫	可
神戸松蔭女子学院大学	Frances Shiobara（塩原フランセス） fshiobara@shoin.ac.jp	兵庫	不可
流通科学大学	藤岡千伊奈 Cheena_Fujioka@red.umds.ac.jp	兵庫	要相談
神戸海星女子学院大学	吉野美智子・宮副紀子 078-801-2277	兵庫	要相談
島根県立大学	Eleanor Kane el-kane@u-shimane.ac.jp	島根	可

小・中・高・高専・大・塾・英語教室	名前／連絡先	都道府県	見学
ノートルダム清心女子大学	Rob Waring waring.rob@gmail.com	岡山	可
大分県立看護科学大学	宮内信治 miyauchi@oita-nhs.ac.jp	大分	不可
熊本学園大学・熊本県立大学	Joseph Tomei jtomei@kumagaku.ac.jp	熊本	可
鹿屋体育大学	国重 徹 kunisige@nifs-k.ac.jp	鹿児島	要相談
沖縄県立芸術大学	髙良則子 noriko-t@okigei.ac.jp	沖縄	要相談
リトルハウス英数クラブ （中学生〜成人向け多読指導）	新井希久子 littlehouse2007@gmail.com	北海道 （網走郡）	可
Cambridge English 英会話スクール （中・高校生向け多読指導）	Ben Shearon ben@c-english.com	宮城 （仙台市）	可
上杉英会話教室 （小学生向け多読指導）	サム・マーチー 090-8617-3195	宮城	要相談
ステップワールド英語スクール （小学生〜成人向け多読指導）	へんみかずし stepworld@e-pal.co.jp	千葉	可
Sho's Castle英語教室 （小学生向け多読指導）	高橋智子 info@shoscastle.com	埼玉	可
SEG （中・高校生向け多読指導）	古川昭夫 https://www.seg.co.jp/tadoku/	東京	要相談
ABC 4 YOU英語・多読・読み聞かせ教室（小〜高校生向け）	鈴木祐子 abc4you.tadoku@gmail.com https://abc4you.jp/	東京	不可
Carroll English School （中・高校生向け多読指導）	山下陽子 tabby2412_zeke@a04.itscom.net	神奈川	可
Mrs. Kobayashi's English Class （小〜高校生向け多読指導）	小林安江 kobayashiyasue@gmail.com	神奈川	要相談
ArcoS English Tadoku Square （小学生〜成人向け多読指導）	鄭京淑（ちょん・きょんすく） info@arcoiris-lingua.com	大阪	可
岩野英語塾・多読クラブ （小学生〜成人向け多読・多聴指導）	髙瀬敦子 atsukot@jttk.zaq.ne.jp	大阪	可
A & A ENGLISH HOUSE （小〜高校生向け多読指導）	諸木宏子 072-929-8566	大阪 （八尾市）	可
英語教室 JOY CLASS （小・中・高校生向け多読指導）	赤松由梨 joyclass28@gmail.com	兵庫	要相談

おわりに
―― 私が多読・多聴を授業に導入する理由

　私が始めて手にした英語の絵本は，*Jack and the Beanstalk* で，中学 1 年の時に当時英文科に通っていた姉がお土産に持ってきてくれたものでした。嬉しくて一生懸命に辞書を引きながら読んだ記憶があります。始めて英語を聞いたのは小学 5 年の時で，NHK ラジオの「基礎英語」から始まり，その後，松本亨氏の英会話に移って行きました。ひたすら音声のみのインプットでした。

　修獣館高校では ESS に入部し，授業で教わらない生きた英語（自然な発音，歌，ゲーム，スピーチ，英語劇等）を 3 年生の先輩から教わりました。また，ESS の仲間とアメリカ人教師の英語のバイブルクラスに通ったり，隣町のアメリカンスクールを訪問したり，生の英語に接する機会は比較的多かったようです。

　ところが，高校 3 年のときに AFS（American Field Service）留学生としてアメリカの高校に行ったところ，私に向かって話してくれる友達の英語は理解できるのに，友達同士で話している英語は速くてチンプンカンプン，さらに驚いたのは宿題の量でした。毎日数十ページ（多い日はなんと 80 ページ！）の英語を読み，さらに，毎月 1 冊の本を読みブックレポートを書くというものでした。日本では講読と文法の授業を受けただけで，多読・速読などしたことがなかった私は，連日夜中の 2 ～ 3 時まで頑張っても間に合わず，最初の数ヶ月は授業についていくのに必死でした。

　帰国して家庭教師を始めた時は，早速，多読と速読の練習を取り入れ，なるべくナチュラルスピードで生徒に話しかけるようにしました。後になって，当時教えた数人の中高生から，あの読書とリスニングが大いに役に立った，と聞きました。

その後教壇に立った高知県の土佐塾中高等学校では，現行のような多読・多聴授業ではないものの，英語運用能力向上を目指し，教科書以外に英字新聞や英米の雑誌などを使用したり，長期休暇にはクラス全員に本を貸し出して読ませたり，湾岸戦争の当事者であったブッシュ・フセイン両大統領に手紙を書かせるというようなコミュニカティヴな英語教育を行なっていました。その成果が，次のように現れたのです。

　ある日，教え子の柏木文蔵君（高3）が，テレビのニュースで湾岸戦争に日本が自衛隊を出さないことを非難する米兵のことばを聞きました。彼はそのことを釈明するために，早速アメリカの作家 Bob Green 氏に手紙を書き，日本の憲法第9条を紹介し，日本が派兵しなかった理由を説明しました。その手紙は *Chicago Tribune* 紙で紹介され，それを読んだ小学生から30代までの米国市民から100通以上手紙が彼に届いたのです。中には湾岸戦争から戻ってきたばかりの現役兵，朝鮮戦争やベトナム戦争で戦った元兵士，太平洋戦争で日本と戦った退役軍人も混じっていました。そこで私は，当時の大嶋邁校長と相談し，差出人全員に手紙を出し，米国市民の生の声である貴重な歴史の証言を小冊子にして公開する許可を取りました。この生きた英語の教材は当時の高校1・2年生が全部日本語訳をして対訳付きの小冊子となり，学校創立10周年記念誌『文蔵の一石』として保護者に配布されたのです。この文蔵君の行動こそがコミュニカティヴな英語教育の成果であり，英語運用能力を習得した証だと思います（高瀬，1995）。

　その後，授業の一環として多読指導を始めたのは，1997年に大阪の梅花高等学校の2年生を対象としたものでした。英語科であるにもかかわらず英語が苦手と感じている生徒の自信回復を目的として始めた多読指導は，モティベーションを高め，英語力向上に貢献しました。そこでは当時の英語科主任藤原㐂恵氏と図書館司書の徳谷美喜子氏の協力のお陰で10年近く高2での多読指導を

続けることができました。その後，大阪国際大学・関西大学（高槻キャンパス・千里山キャンパス）・近畿大学等でも図書館の協力を得て多読指導を行なってきました。現在の勤務先である近畿大学法学部では，飯畑事務部長のサポートのお陰で年ごとに多読図書とともに多読人口が増え，法学部の英語が得意な学生も苦手な学生も大いに多読の恩恵を受けています。

　効果的な多読・多聴指導により，ひとりでも多くの学習者が読書の楽しみを経験して英語が好きになり，ひいては英語でも日本語でも読書を楽しむようになることを期待しています。さらに，英語運用能力と同時に思考力・行動力を身に付け，文蔵君のような若者が育っていくことを願ってやみません。

　この本を書くにあたり，私の多読授業を受け読書を楽しんだ高校生・大学生の皆さん，様々な情報を提供してくださった日本多読学会の皆さん，多読クラスの情報をご提供いただきました武庫川女子大学附属中学校の安福勝人氏，鷗友学園女子中学高等学校の髙見信子氏，広島市立己斐中学校の三村ゆう子氏，国立豊田工業高等専門学校の西澤一氏（写真や地図等も提供いただきました），SEG の古川昭夫氏，立命館中学校の Ann Flanagan 氏，写真を提供してくださいました開成中学校の Daniel　Stewart 氏（JALT の多読グループ代表），生の声の掲載を快く許可して下さった方々，図書の掲載許可をいただきました出版社各位，原稿を読んでくださった古川昭夫氏，黛道子氏，神田みなみ氏，特にやさしく根気よく丁寧に原稿チェックをしてくださいました大修館書店の池田菜穂子氏に感謝いたします。最後に，本文で言及した種々の研究で使用した膨大なデータ入力，処理を手伝ってくれた夫に感謝。

　2010年4月

高瀬敦子

■索引

accuracy 208,209,211
ACE 46,55,74,194,199,203,205
affective filter 68,148
book flood 10
CALL 教室 82,112,119
Children's Books 52,128,132,151,160
Communicative English 54
context 30,149
delayed post test 89
EFL 4
EPER 62,73,74,177,192,193,198
ESL 4,11
extensive listening 3
extensive reading 3,81,85,207
Finding main ideas 22
Finding topics 22
fluency 24,28,208,209,210
Graded Readers (GR) 6,13,28,53,61,68,80,128,132,142,160
guessing word meanings 22
Headwords (HW) 129,150
incidental learning 43
Language Learner Literature 142
Learn to read by reading 3
Learner-centered 180
Leveled Readers 52,132,135,136,139,160
LLL Award 143
manga 64,132
M-Reader 80,202
No pain, no gain 61
Oral Communication 22
Oral Interpretation 54
Picture Books 132
post test 89

pre-test 89
productive skills 208,210
Readability 123,129
Reading skills training 21
Reading Stamina 144,158
receptive skills 208,210
scanning 22
SER (Start with Extensive Reading) 81,85
SIL (Sustained Individual Listening) 81
skimming 22
SLEP テスト 35,74
speed reading 22
SSR (Sustained Silent Reading) 59,60,64,67,95,126,175,176,207
SSS (Start with Simple Stories) 16,59,68,83,123
SSS 多読 13
SST (Short Subsequent Task) 59,76
strong encouragement 180,219
Storytelling 42,85,88
Teacher-centered 179,180
TOEIC 13,21,36,39,46,48,69,130
TPO 211
word count (WC) 131,150
wpm (words per minute) 28,33,125,161,202
Yakudoku 17,29
YL 128,130,131,162,165,202

あ

インプット 4,6,22,26,37,54,58,68,71,81,93,187,209,210,213
英検 9,23,24,41,46,55,130,186
英語運用能力 3,5,7,24,55,69,178,194,195,205,210,211
英語音声表現 54

大型絵本　86, 87, 134

か

外的動機付け　78
学習者主導　26, 181
語り聞かせ→ Storytelling
聴きやすい音声（話）　81, 91
聴き読み　85, 140, 145, 193
教師主導→ Teacher-centered
教師の役割　24, 25, 61, 179, 220
クラスサイズ　80, 122, 127, 201
クラスルーム・ライブラリー　107
語彙認識　26, 30

さ

作成し発信する能力→ receptive skills
自動化　30, 43, 70, 216, 222
自動的に処理　30
自動認識　29
シャドーイング　25, 85, 90
授業内多聴　81, 82
授業内多読（読書）　59, 63, 102, 197
10分間読書（多読）　46, 94, 98, 101
受信し理解する能力→ productive skills
情意面　5, 31, 33, 190, 193, 204
処理の自動化　43, 70
隙間埋めシート　162, 163
正確さ→ accuracy
前後関係　30, 42, 89
遭遇頻度（回数）　40, 149
総語数　128, 131, 144, 150, 162, 165
ソフトレコーダー　121

た

対応のある t 検定　90
タドキスト　128
多読・多聴用図書　197
多読記録　125, 165

多読時間　190, 191, 192, 193, 204
長期間多読・多聴　196
読書記録手帳　41, 123, 165, 166
読書の持久力→ reading stamina
読書量　11, 27, 37, 40, 61, 72, 78, 201
図書館　12, 51, 96, 103, 112, 170, 181
図書管理　105, 109, 111, 114

な

日本多読学会　13, 169, 207
能動的学習　26
ノンフィクション　41, 136

は

パラレル・リーディング　89, 90, 120
100冊多読　28, 168
100万語多読　11, 13, 27
フォニックス　85, 140, 214
文法　132, 143, 149, 194, 209, 211
文脈　42, 149, 209
ペーパーバッククラブ　11
ポータブル CD プレーヤー　117

ま

未知語　30, 34, 40, 43, 58
モティベーション　12, 33, 134, 146

や

訳読　6, 7, 17, 19, 29
読み聞かせ　85, 214
読みやすさレベル→ YL
4技能　7, 17, 31, 208

ら

リーディング・スキル　22
流暢さ→ fluency

わ

ワーキングメモリー　43

■〈多読・多聴図書〉シリーズ名索引

A to Z Mystery (AZM)　157
Black Cat Green Apple (BCG)　36,146,147
Cam Jansen Mysteries (CJM)　155
Cambridge English Readers (CER)　130,143
Cengage Page Turners (CPT)　150
Clifford the Big Red Dog (CBRD)　140
Clifford Phonics Fun (CPF)　140
Corgi Pups (CGP)　152
Curious George (CG)　47,140
Farmyard Tales Stories (FTS)　140
Fast Forward (FF)　120,136
Footprint Reading Library (FPR)　138
Foundations Reading Library (FRL)　147
Let's-Read-and-Find-Out Science (LRFO)　41,137
Longman Literacy Land Story Street (LLL-SS)　56,63,72,134
Literacy Land: Info Trail (LLIT)　137
Macmillan Readers (MMR)　129,144
Magic School Bus (MSB)　156
Magic Tree House (MTH)　155
Magic Tree House Research Guide (MTH-RG)　156
Mr. Men and Little Miss (MMLM)　151
Mr. Putter and Tabby (MPT)　141
Nate the Great (NTG)　152
ORT Fireflies (ORT-FF)　136
Oxford Bookworms Library (OBW)　129,144
Oxford Decode and Develop (ODD)　134
Oxford Dominoes (ODM)　146
Oxford Reading Tree (ORT)　38,56,72,86,133,188
Oxford Traditional Tales (OTT)　141
Oxford Time Chronicles (OTC)　153
Pearson English Active Reading (PAR)　145
Pearson English Kids Readers (PKR)　145
Pearson English Readers (PGR)　50,63,129,145
Rainbow Magic (RBM)　153
Roald Dahl の作品(RD)　158
Rookie Readers (RKR)　136
Scholastic ELT Readers (SCE)　146
The Boxcar Children (BCC)　157
The Cobble Street Cousins (CSC)　153
The World's Greatest Artists (WGA)　154
The World's Greatest Composers (WGC)　154
The Zack Files (ZKF)　157
Usborne First Reading (UFR)　135
Usborne Phonics Readers (UPR)　140
Usborne Young Reading (UYR)　153
Welcome Books (WCB)　136

[著者略歴]

高瀬敦子（たかせ あつこ）

福岡県生まれ。テンプル大学大学院教育学博士課程終了（TESOL）。日本アイ・ビー・エム（株）勤務，土佐塾中高等学校・梅花中高等学校・大阪国際大学・関西大学・大阪経済大学・甲南大学・関西学院大学非常勤講師，近畿大学法学部特任講師を経て，現在は岩野英語塾にて小学生・大人のクラス及び多読クラブで多読・多聴指導。専門は英語教授法。主な論文・著書は "Japanese high school students' motivation for extensive L2 reading." (*Reading in a Foreign Language* 19(1)) / "The effects of different types of extensive reading materials on reading amount, attitude and motivation." (*Extensive Reading in English Language Teaching*. Cirocki, Andrzej (ed.). Munich: Lincom.) / 『英語リーディングの認知科学』（くろしお出版，共著）。日本多読学会理事・国際多読教育学会理事。

英語教育21世紀叢書

英語多読・多聴指導マニュアル

ⓒTAKASE Atsuko, 2010　　　　　　　NDC 375 / x, 237p / 19cm

初版第1刷——2010年6月1日
　第3刷——2022年9月1日

著者————高瀬敦子
発行者———鈴木一行
発行所———株式会社大修館書店
　　　　　〒113-8541　東京都文京区湯島2-1-1
　　　　　電話03-3868-2651（販売部）／03-3868-2292（編集部）
　　　　　振替00190-7-40504
　　　　　[出版情報] https://www.taishukan.co.jp

装丁者————中村慎太郎
印刷所————文唱堂印刷
製本所————難波製本

ISBN978-4-469-24553-0　Printed in Japan

Ⓡ本書のコピー，スキャン，デジタル化等の無断複製は著作権法上での例外を除き禁じられています。本書を代行業者等の第三者に依頼してスキャンやデジタル化することは，たとえ個人や家庭内での利用であっても著作権法上認められておりません。